W0048365

Body Reset®

Das Kochbuch

JACKY GEHRING

Body Reset®
Das Kochbuch

Weltbild

Inhalt

DIE GRUNDLAGEN

DIE REZEPTE

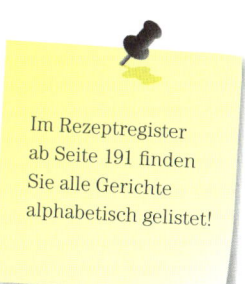

Im Rezeptregister ab Seite 191 finden Sie alle Gerichte alphabetisch gelistet!

Liebe Leserinnen und Leser!

Endlich ist es soweit! Auf vielfachen Wunsch und mit Unterstützung der Verlagsgruppe Weltbild halten Sie endlich das Kochbuch zum *BodyReset*-Erfolgsprogramm in Händen! Aus in vielen Jahren gefundenen, nachgekochten und teilweise selbst entwickelten Rezepten habe ich ein Kochbuch verfasst, welches Ihnen hoffentlich genauso viel Freude, Abwechslung, Genuss und Spaß bringt wie mir!

BodyReset® ist weder eine Diät noch ein befristetes Ernährungsprogramm, *BodyReset* ist vielmehr eine Lebensweise mit einer einfachen, aber leckeren Küche, die jedem schmeckt, vor allem auch satt macht, dabei aber die Ansprüche unseres Körpers und unseres Stoffwechsels berücksichtigt.
Fast in jedem Kochbuch geht es um eine *gesunde* und *ausgewogene* Ernährung mit wenig Fett und mit vielen Vollkornprodukten, bei der die Kalorien gezählt werden müssen usw.

Ich habe etwas viel Besseres herausgefunden, stellte fröhlich die Pyramide auf den Kopf und die Ernährungswissenschaft infrage – und hatte recht mit meiner Theorie, meinen Beobachtungen und Experimenten, sonst wäre mein erstes Buch *BodyReset*® – *Das Erfolgsprogramm* längst in der Versenkung verschwunden und kein Mensch würde mehr darüber reden.
Das Gegenteil ist der Fall, so viele zufriedene Leserinnen und Leser haben mir ihre Geschichten geschrieben und von positiven körperlichen Veränderungen berichtet, das Buch weiterempfohlen, sie »leben« *BodyReset* und sind glücklich und zufrieden damit.

*Alle Artikel finden Sie unter »Presseberichte/ Fachberichte«: www.bodyreset.com

Als freie Autorin durfte ich auch einige Artikel* rund ums Essen, die Hautpflege, den Stoffwechsel usw. für ein Beauty Magazin schreiben, um aufzuklären, Wissen zu vermitteln und Irrtümer aufzuzeigen.

Vorwort

Wer sich wie ich seit über 30 Jahren aus persönlichen, später beruflichen Gründen mit Essen und Trinken beschäftigt, hört nie auf, immer wieder zu experimentieren, auszuprobieren, zu hinterfragen, zu beobachten, zu fühlen, zu kritisieren und zu polarisieren ...

Der Grund dieses Handelns liegt an einer damals plötzlich auftretenden und jährlich wiederkehrenden Pollenallergie mit Schnupfen und zugeschwollenen Augen, die ich nur mit der Chemiekeule *Cortison* in den Griff bekam.

Nach drei Jahren scheinbar unheilbarem Heuschnupfen und hilflos den bis dahin einzig wirksam scheinenden Cortisondosen ausgeliefert, las ich 1983 in einem Zeitungsartikel, dass Allergien die Folge von zu säurelastigen Ess-, Trink- und Lebensgewohnheiten seien. Irritiert und ohne irgendeine Ahnung, was das bedeutete, begann ich meine Ernährung nach den beschriebenen Empfehlungen umzustellen. Ich eliminierte massiv säurebildende Nahrungsmittel und Getränke und ersetzte sie durch sogenannte Basenbildner, wie z. B. Kartoffeln statt Nudeln, Bananen statt Orangen, verdünnten Apfelsaft statt Limonaden usw. Nicht nur meine Pollenallergie ist nie wieder aufgetreten, auch meine ersten Ansätze von Cellulite und drei Kilo an Gewicht waren verschwunden, trotz Idealgewicht. Was mich erstaunte: Meine Silhouette verbesserte sich, der Bauch wurde flach, die Oberschenkel und die Hüften wurden schmaler.

Seit diesen verblüffenden Ergebnissen und positiven Veränderungen beschäftige ich mich mit dem Zusammenhang zwischen Ernährung und unseren ästhetischen und später vielleicht auch gesundheitlichen Problemen.

Wer mein Buch *BodyReset® – Das Erfolgsprogramm* kennt, braucht die nachfolgenden Seiten nicht zu lesen, für alle anderen folgt hier eine kurze Einführung in die *BodyReset*-Methode und ihre Grundlagen.

Sauer macht nicht lustig, sondern krank und dick!

DIE GRUNDLAGEN

Du bist, was Du isst – und trinkst!

Alles, was wir essen und trinken, wird durch verschiedene Stoffwechselprozesse in körpereigene Substanzen umgebaut. Der Körper braucht Wasser, Eiweiß, Kohlenhydrate und Fett im richtigen Verhältnis sowie bestimmte Enzyme, Mineralstoffe, Vitamine und Spurenelemente, um optimal versorgt zu sein. Er benötigt zudem doppelt so viele Basenbildner wie Säurebildner. Dieses Verhältnis hat sich in den Industriestaaten leider genau umgekehrt.

Nicht nur Genussmittel, wie Süßigkeiten, Limonaden, Kaffee, Wein und Zigaretten, auch Stress, Ärger, Erfolgsdruck usw. führen zu einem Säureüberschuss im Körper.

Was viele Menschen nicht wissen: Als gesund eingestufte Lebensmittel wie Reis, Getreide-, Milch- und Lightprodukte, Zitrusfrüchte und oxalsäurehaltige Gemüse, aber auch industriell hergestellte Halb- und Fertigprodukte mit meist hohen Anteilen an Zucker und gehärteten Fetten, alle Fitnessprogramme in hohen Pulsfrequenzen (anaerober Bereich) verursachen einen Säureüberschuss im Körper, mit dem dieser irgendwann nicht mehr fertig wird.

Basen versus Säuren

Basen und Säuren kommen überall in der Umwelt und im Körper vor. Der sogenannte pH-Wert bezeichnet auf einer Skala von 1–14 die saure bzw. basische Reaktion eines Stoffes. Neutral ist ein pH-Wert von 7, je niedriger der Wert ausfällt, umso saurer ist er, je höher der Wert ist, desto basischer ist er. Die meisten Lebensvorgänge funktionieren nur im neutralen bis leicht basischen Milieu. Ausnahmen bilden nur unsere Ausscheidungen (Schweiß und Urin) und die Salzsäure im Magen. Sie leitet die Eiweißverdauung ein und tötet mit der Nahrung aufgenommene schädliche Bakterien ab.

Viele vermeintlich »gesunde« Nahrungsmittel sind in Wirklichkeit Säurebildner und entmineralisieren unseren Körper.

Die wichtigste Flüssigkeit – unser Blut – hat einen relativ konstanten pH-Wert von genau 7,35, ist also leicht basisch und darf auch im Extremfall nur zwischen 7,3 und 7,4 schwanken. Bereits geringfügige Abweichungen würden uns töten! Damit ist der pH-Wert des Blutes für unseren Körper und unser Überleben das Maß aller Dinge. Damit dieser konstante Blut-pH-Wert gewährleistet ist, verfügt unser Körper über verschiedene Puffersysteme. So wird z. B. Wasser zurückgehalten, um die Säurekonzentration zu verdünnen.

Reicht diese Maßnahme nicht aus, werden überschüssige Säuren mit basischen Mineralien zu harmlosen Neutralsalzen gebunden und vorübergehend im Bindegewebe deponiert. Diese Neutralsalze, im Volksmund auch Schlacken genannt, werden normalerweise in stoffwechselruhigen Zeiten wieder mobilisiert und über Nieren und Blase ausgeschieden. Erhält der Körper aber überwiegend nur säurehaltige oder säureproduzierende Speisen und Getränke, beginnt ein Teufelskreis.

Die Neutralsalze verbleiben im Körper und haben gravierende Folgen für Gesundheit und Aussehen. Durch den Abbau körpereigener Mineralien – wie Kalzium, Kalium, Mangan, Zink usw. aus Knochen, Haarboden und Blutgefäßen – entsteht ein massiver Mineralstoffverlust einerseits und ein belastender Schlackenaufbau andererseits, was zuerst zu ästhetischen (z. B. Cellulite, Übergewicht, Besenreiser, Haarausfall, Akne), später zu gesundheitlichen (Sodbrennen, Allergien, Krampfadern, Rheuma, Gicht, Osteoporose usw.) Problemen führen kann. Über 50 Zivilisationskrankheiten haben ihren Ursprung in einem gestörten Säure-Basen-Haushalt.

Der Einfluss von Hormonen

Lesen Sie mehr über Hormone in meinem Artikel »Bio versus Mono« auf der Homepage unter Fachberichte.

Hormone und hormonartige Stoffe werden heute nicht nur gezielt über Medikamente aufgenommen, sondern auch zunehmend in der modernen, rationellen Mastviehproduktion eingesetzt. Selbst konventionell angebautes Gemüse und Obst sind heute mit hormonhaltigen Insektiziden, Pestiziden, Pilzmitteln

Bio-Qualität garantiert chemisch ungespritzte Lebensmittel.

u. Ä. behandelt, welche massiv in das empfindliche Steuerungs-
system unseres Körpers eingreifen. Diese hormonell wirksamen
Substanzen können zur Erschlaffung des Bindegewebes, zu Cel-
lulitebildung und einer allgemeinen Gewichtszunahme (Mastef-
fekt) führen. Hier wird besonders deutlich, welchen Stellenwert
die Auswahl qualitativ hochwertiger Lebensmittel in Bezug
auf die Qualität unserer Körpersubstanz besitzt. Ein gesunder
Körper braucht vitalstoffreiche Nahrung mit möglichst wenig
Schadstoffbelastung, um schlackenfrei zu bleiben. Einheimi-
sche Produkte in Bio-Qualität sind allem anderen vorzuziehen.

Übergewicht ...

... besteht zu über 50 % (!) aus deponierten Stoffwechselabfällen,
Neutralsalzen (Schlacken) und überschüssigem Wasser. Eine
gestörte Säure-Basen-Balance wirkt sich auf alle Stoffwechsel-
vorgänge aus und stört die komplizierten Regelmechanismen
in unserem Körper. Erst durch das Beheben der oft jahrelangen
permanenten Übersäuerung und der damit verbundenen Fehl-
funktionen und Defizite wird die Grundlage geschaffen, um
langfristig schlank und attraktiv zu werden – und zu bleiben.

In meinem Buch »BodyReset« zeige ich detailliert,
wie sich die unterschiedlichsten Probleme aufbau-
en und – was noch wichtiger ist – wie sich diese
Probleme wieder abbauen lassen. *Reset* bedeutet,
dass wir unseren Körper und seine Funktionen mit
der richtigen Ernährung und ohne Diät in seinen
naturgegebenen, ursprünglichen Zustand zurück-
bringen können, wodurch die Abbau- und anschlie-
ßenden Regenerationsprozesse überhaupt erst
möglich sind. Für Leser, die *BodyReset* bisher noch
nicht kennen, sind hier die Regeln für ein erfolgrei-
ches *Reset* des Körpers zusammengefasst.

Mehr Informationen zum
Buch finden Sie unter
www.bodyreset.com.

Von BodyReset gibt es das basische Badesalz mit Bambus, reinem Alpen-Ur-Kristallsalz und Schweizer Kräutern.

Allgemein

Basen kann man nicht nur über die Ernährung aufnehmen, bei *BodyReset* werden auch saure Schaumbäder durch basische Bambusbäder und saure Kosmetik durch leicht basische Haut- und Körperpflegeprodukte ersetzt. Denn die Haut ist ein etwa 2 m² großes Organ, welches mit den richtigen »Zutaten« einen erheblichen Teil an überschüssigen Säuren ausleiten und damit die inneren Organe entlasten kann.

■ Die Wasserqualität spielt eine große Rolle; gefährliche PET-Flaschen und Mikrowellenherde haben im *BodyReset*-Programm nichts verloren.

■ Mit der richtigen Atmung und Bewegung kann ein übersäuerter Organismus in den neutralen bis basischen Bereich gebracht werden.

■ Mit rein pflanzlichen, basischen Vitalstoffmischungen können bei Bedarf die leeren Mineralstoffspeicher wieder aufgefüllt werden.

Essen und Trinken

Es sind drei Regeln zu beachten:

1 Jeden Morgen gleich nach dem Aufstehen ein großes Glas Wasser trinken. Im Laufe des Tages und hauptsächlich zwischen den Mahlzeiten sind erlaubt: Stilles Mineralwasser oder basisches Aktivwasser*, bei Lust auf Geschmack können Sie mit halb und halb bis dreiviertel Wasser verdünnten Bio-Apfel-, Bio-Birnen-, oder Bio-Traubensaft trinken.

Maximal pro Tag drei Tassen Kaffee, grünen oder schwarzen Tee, nach Belieben mit etwas Sahne, aber ohne Milch und Zucker. Dazu immer die gleiche Menge Wasser trinken!

Ab und zu ein Glas Wein oder Bier ist erlaubt, was allerdings als Säurebildner angerechnet werden muss.

2 In der Tagesbilanz sollte das Verhältnis 70 % Basen- zu 30 % Säurebildner eingehalten werden.

* Detaillierte Informationen finden Sie unter www.bodyreset.com.

3 Ich unterscheide zwischen einfachen Kohlenhydraten (maximal 15 % pro 100 g) und konzentrierten Kohlenhydraten (mehr als 15 % pro 100 g) in einem Lebensmittel.

Das ist wichtig für diejenigen, die abnehmen wollen: Da bei *BodyReset* keine Kalorien oder Punkte gezählt werden müssen, kommt es auf die richtige Kombination an!

BodyReset ist eine Art Trennkost; denn ich habe herausgefunden, dass die Kombination einfache Kohlenhydrate und Fett zusammen **nicht** dick macht. Im Gegenteil: Sie nehmen damit sogar ab! Fett zusammen mit konzentrierten Kohlenhydraten hingegen führt zu Übergewicht! Für mich ist dies auch logisch, hat doch z. B. 100 g Brot rund viermal mehr Kohlenhydrate als 100 g Kartoffeln, d. h. auch, viermal mehr Energie!

*Links falsch, rechts
richtig kombiniert!*

Ein Beispiel:

Fischfilet mit Sahnesoße, Reis und Spinat

Spinat enthält Oxalsäure, Reis zählt zu den säurebildenden, **konzentrierten** Kohlenhydraten, Fisch ist Eiweiß = **immer** säurebildend. Sahne ist Fett und nicht säurebildend.

Das Problem: Mit dieser Kombination habe ich erstens viel zu viele Säurebildner, und zweitens führt die Kombination Sahne (Fett) und konzentrierte Kohlenhydrate (Reis) zu Übergewicht.

Die Lösung: Fischfilet mit Sahnesoße, Kartoffeln oder Karotten und Brokkoli

Brokkoli, Karotten und Kartoffeln zählen zu den basenbildenden, **einfachen** Kohlenhydraten.

Hier haben wir erstens idealerweise etwa 70 % Basenbildner zu etwa 30 % Säurebildner, und zweitens führt die Kombination Sahne (Fett) und einfache Kohlenhydrate (alle drei Gemüse) **nicht** zu Übergewicht.

Schritt 1 (Neutralisationsphase)

In den ersten zwei bis vier Wochen sollten Sie sich ausschließlich nach den nicht markierten Rezepten ernähren. Damit kommt Ihr Säure-Basen-Haushalt in die richtige Balance, der Körper kann überschüssige Säuren und bereits deponierte Schlacken mobilisieren und ausscheiden.

Schritt 2 (Abbauphase)

Danach werden in der richtigen Kombination auch gesunde, aber leicht säurehaltige Salate, Gemüse und Früchte wieder eingebaut, der Speiseplan wird abwechslungsreicher, konzentrierte Kohlenhydrate werden noch weggelassen, wenn Sie abnehmen möchten. Alle Rezepte, die säurehaltige Zutaten enthalten, sind markiert mit dem Hinweis: Ab dritter Woche.

Schritt 3 (Erhaltungsphase)

Wenn Sie mit Figur und Gewicht zufrieden sind, können Sie zu den Gerichten jetzt auch ab und zu konzentrierte, **säurebildende** Kohlenhydrate als Beilage essen (Brot, Pasta, Reis, Hülsenfrüchte). Sie sollten nicht öfter als in jeder vierten bis fünften Hauptmahlzeit vorkommen. Richtig kombiniert nehmen Sie damit nicht ab, aber auch nicht zu. Eine Entsäuerung oder ein Schlackenabbau findet an diesen Tagen nicht statt.

Nun wünsche ich Ihnen viel Erfolg beim Nachkochen und guten Appetit!

Herzlichst Ihre

Jacky Gehring

Der Ratgeber **BodyReset – Das Erfolgsprogramm** ist in jeder Buchhandlung erhältlich.

Richtig kombinieren

Nicht weniger essen, clever kombinieren heißt die Zauberformel

Unser Körper ist zwar damit ausgestattet, Fett, Eiweiß und Kohlenhydrate gleichzeitig zu verdauen, aber er mag kein großes Durcheinander an unterschiedlichen Gemüse- oder Fruchtsorten, denn jede einzelne muss anders aufgespaltet werden. Das macht sich meist bemerkbar in Form von Müdigkeit, Blähungen, Antriebslosigkeit, manchmal auch mit Kopf-, Bauch- oder Gliederschmerzen und Sodbrennen.

Zu viele Säuren verhindern den freien Lauf der Körperflüssigkeiten!

Meine Erfahrungen der letzten 30 Jahre und die von Zehntausenden von *BodyReset*-Anwendern haben gezeigt, am bekömmlichsten ist folgender Fahrplan:

- ✔ Ein bis zwei Fruchtsorten mit oder ohne Eiweiß, vorwiegend am Morgen und frühen Nachmittag
- ✔ Ein bis zwei Salatsorten und deftige Kartoffelspeisen, mit oder ohne Eiweiß, vorwiegend am Mittag
- ✔ Ein bis zwei Gemüsesorten und Suppen, mit oder ohne Eiweiß, vorwiegend am Abend

Qualität vor Quantität

Tipps, Erklärungen, Beilagenempfehlungen oder Variationsmöglichkeiten finden Sie direkt bei den Rezepten.

Fleisch, Fisch, Eier und Käse sind wichtige Eiweißlieferanten – und sie stammen alle von lebenden Tieren. Es gibt massive Qualitätsunterschiede, die sich früher oder später in Ihrem Körper und an Ihrer Figur bemerkbar machen. Je *billiger,* umso schlechter ging es dem Tier und umso mehr Wachstumshormone, Kraftfutter, Antibiotika, Kunstfutter und -dünger wurden eingesetzt. Und Sie essen alles mit!

Genauso bei Salat, Früchten und Gemüse aus konventionellem Anbau. Sie werden mit der Chemiekeule gezüchtet, mit teilweise hormonhaltigen Pestiziden, Insektiziden, Fungiziden etc. behandelt, auch das landet in Ihrem Körper.

> **Billige Nahrungsmittel machen Sie zwar satt, aber Ihre Zellen nicht glücklich! Lebensmittel braucht der Körper – sie sind Mittel zum Leben!**

Im deutschsprachigen Europa findet jeder in seiner Nähe einen Bio-Bauern, direkt ab Hof bezahlen Sie für beste Qualität Ihrer Lebensmittel nicht mehr als beim Discounter um die Ecke für herkömmliche Produkte!

Weil ich so unzufrieden war mit *Knorrli, Maggi und Co.,* wenn ich die Zutatenliste der Suppenwürfel und Salatwürzmischungen las, aber auch mit Bio-Qualitäten, die einfach nur fade und langweilig schmeckten, habe ich zusammen mit einem Sternekoch und einem Kräuterpharmakologen und TCM-Therapeuten ein Gemüsebrühepulver* und verschiedene Gewürzmischungen* entwickelt. Sie schmecken nicht nur unglaublich gut, sie sind auch absolut frei von Zusatzstoffen, Geschmacksverstärkern, Allergenen, E-Nummern, Glutamat, Konservierungsstoffen usw. Sie sind so reichhaltig und würzintensiv, dass nur wenig benötigt wird im täglichen Einsatz. Wo die Gewürzmischungen passen, sind sie in den Rezepten erwähnt. Mein Kristallsalz* in Halitqualität ist sehr intensiv und enthält noch alle Mineralien und Spurenelemente des reinen Ursalzes. Wenn Sie es verwenden, bitte nur etwa die Hälfte der angegebenen Mengen in den Rezepten anwenden, sonst wird es schnell zu salzig!

* Kristall- oder Ursalz in Halitqualität enthält noch alle 84 Mineralstoffe und Spurenelemente.

BodyReset®-Produkte finden Sie auf www.bodyreset.com

Nur ein gesunder Darm kann optimal verdauen

Was für die Pflanze die Wurzeln, ist der (Dünn) Darm für den Menschen. Der Tod und das Leben liegen im Darm! Es reicht aber nicht, hier einfach einmal täglich Joghurt mit zusätzlich aus dem Labor angereicherten Bakterien zu essen, denn Joghurt ist bereits durch Bakterien vergärt und deshalb auch sauer! Dieser Prozess der Vergärung sollte im Magen stattfinden, mit einer Süßmolke, die noch den ganzen Milchzucker und die nützlichen, Molke eigenen Bakterien enthält. Damit kann der Darm gereinigt und saniert werden. Der *BodyReset*-Vitaldrink* mit natürlichem Milchzucker und echter Bourbon-Vanille schmeckt lecker und kann wunderbar als Frühstücksgetränk oder Zwischenmahlzeit eingenommen werden. Kinder lieben ihn auch angereichert mit dem *BodyReset*-Kakaopulver*, welches keinen vitalstoffleeren Industriezucker, sondern wenig, aber reinen Vollrohr-Rohzucker enthält.

*Mehr Informationen über die *BodyReset*®-Vitalprodukte, das basische Aktivwasser und die Bezugsquellen finden Sie unter www.bodyreset.com.

Echte Bourbon-Vanille ist teuer – aber unschädlich im Gegensatz zum synthetischen Vanillin.

Bausteine der Ernährung

Proteine

Proteine (Eiweiß) sind die Grundbausteine unseres Körpers – etwa ein Fünftel unseres Körpergewichts besteht aus Proteinen. Muskeln, Knochen und Haut sind besonders proteinhaltig. Proteine sind wichtig für das Wachstum und die Wiederherstellung von Gewebe.

Alle Enzyme und die meisten Hormone bestehen aus Proteinen. Proteine befördern Nährstoffe und Sauerstoff durch den Körper. Antikörper und viele andere Bestandteile des Immunsystems sind ebenfalls Proteine.

Es liegt auf der Hand, dass es wichtig ist, sich mit genügend Nahrungsprotein zu versorgen, insbesondere in Wachstumsphasen (z. B. in der Kindheit oder in der Schwangerschaft) und bei sportlichen Aktivitäten.

Allerdings ist die Ernährung gesunder Erwachsener in den Industriestaaten mit vor allem tierischen Proteinen überfrachtet; sie enthält weit mehr als notwendig. Proteine hinterlassen im Stoffwechsel immer Säuren und Stoffwechselabfälle, deshalb ist es sinnvoll, Fleisch, Fisch, Soja und Käse mit basischen Beilagen auszugleichen. Eier sind neutral, das Eigelb gleicht das Eiweiß aus.

Die höchste Wertigkeit hat das Protein in Bio-Freiland-Eiern.

Wichtig zu wissen

Mit Proteinen kann man nicht zunehmen, da sie nur im absoluten Notfall als Energie vom Körper genutzt würden, wenn sie z.B. tagelang weder Kohlenhydrate noch Fett essen. Deshalb ist Kalorienzählen für mich absolut sinnlos, Proteine müssten mit dieser Tatsache quasi einen Negativwert haben.

Pflanzliche Proteine sind vor allem in Hülsenfrüchten enthalten, diese zählen aber zu den säurebildenden, konzentrierten Kohlenhydraten (ca. 40 % pro 100 g), das heißt, zusammen mit Fett können sie zu Übergewicht führen. Aber Hülsenfrüchte sind gesund und enthalten wichtige Nährstoffe, deshalb gehören sie, richtig kombiniert, in eine ausgewogene Langzeiternährung.

Der Proteinbedarf sollte eigentlich täglich neu definiert werden, denn wenn Sie als Erwachsener den ganzen Tag im Büro sitzen, im Auto fahren und abends die Couch vorziehen und sich wenig bewegen, brauchen Sie nur etwa die Hälfte an Proteinen. Ein sehr sportlicher, aktiver Mensch hingegen das Doppelte an Tagen, an denen er viel Sport treibt.

Der durchschnittliche Proteinbedarf wird mit 0,8 Gramm pro Kilogramm Körpergewicht gedeckt.

Ich empfehle für ein gesundes Maß ein- bis zweimal pro Tag eine Eiweißspeise und an zwei Tagen pro Woche auf Fleisch, Fisch und Eier bewusst zu verzichten. Sie finden leckere vegetarische Gerichte, Suppen und Salatkreationen, damit werden Sie nie das Gefühl haben, dass fleischlos Essen mit Verzicht zu tun hat. Ruhig verzichten können Sie aber auf Fleisch aus Massentierhaltung, lieber z. B. mit dem günstigeren Hackfleisch, mit Hähnchenfleisch oder Eiern aus Freilandhaltung feine Gerichte zaubern, Ihrem Körper und den Tieren zuliebe!

Fette und Öle

Der Großteil von Fett und Öl wird im Körper zur Energiegewinnung eingesetzt. Fett sorgt für ein angenehmes, sahniges, kulinarisches Erlebnis und verstärkt den Geschmack der Speisen.

Manche Fette werden zur Erhaltung gesunder Zellwände, bei der Erzeugung wichtiger Zellregulatoren und für die Verwertbarkeit von fettlöslichen Vitaminen benötigt. Unser Körper kann bis auf zwei Ausnahmen alle nötigen Fette selbst aufbauen.

Achten Sie auf beste Qualität bei Fetten und Ölen.

Nur die sogenannten essenziellen Fettsäuren, Linol- und Lino-
lensäure müssen ihm von außen zugeführt werden. Wir brauchen kleine Mengen davon, um keine Mangelerscheinungen zu
entwickeln.

Eine weitere Sorte essenzielles Fett, das für unsere Gesundheit
wichtig ist, sind die Omega-3-Fettsäuren, die in Fischen aus kalten, nördlichen Gewässern vorkommen (z. B. Lachs, Sardinen,
Dorsch und Hering). Fisch enthält reichlich, Wild mittelgroße
Mengen, und kleine Mengen sind in Soja- oder Walnussöl zu finden.

> Pflanzliche, kalt gepresste Öle sind aufgrund ihres
> hohen Anteiles an einfach und mehrfach ungesättigten
> Fettsäuren und dem meist hohen Vitamin-E-Gehalt für
> die kalte Küche geeignet, da die mehrfach ungesät-
> tigten Fettsäuren sehr hitzeempfindlich sind (z. B. für
> Salatsoßen oder zum nachträglichen Verfeinern von
> gedünstetem Gemüse).

Besonders empfehlenswert sind Oliven- und Leinöl, Sonnenblu-
menkern- und Kürbiskernöl. Einzig Olivenöl ist aufgrund seines
hohen Anteiles an einfach ungesättigten Fettsäuren zum Erhitzen geeignet. Zum Braten eignen sich auch reines Kokos- oder
Palmkernfett, die von Natur aus einen hohen Anteil an natürlich
gesättigten Fettsäuren enthalten und dementsprechend hoch
erhitzbar sind. Gesättigte Fettsäuren aus natürlichen Quellen
wie Pflanzen, Fleisch und Milch haben keine gesundheitlichen
Nachteile.

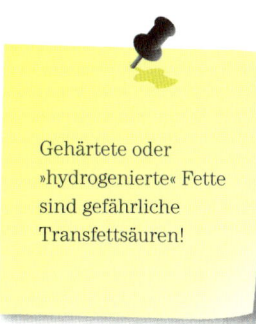

Gehärtete oder
»hydrogenierte« Fette
sind gefährliche
Transfettsäuren!

Richtig gefährlich sind die sogenannten Trans-Fettsäuren. Diese entstehen bei der Fetthärtung, derer sich die Lebensmittelindustrie bedient. Sie verändert die Fette sehr stark und sorgt
dafür, dass sie nicht so schnell ranzig werden. Diesen veränder-

ten Fetten in größeren Mengen wird unter anderem die Ursache für Arteriosklerose und Krebs zugeschrieben. Ein Großteil der industriell hergestellten Kekse, Backwaren und Margarinen enthält gehärtete Fette. Daher sollten diese Produkte vermieden werden. Lesen Sie die Etikette *Zusammensetzung,* um herauszufinden, ob ein Lebensmittel gehärtete Fette enthält.

> Sahne und Butter bestehen aus Milchfett und sind nicht nur reine Naturprodukte, sie sättigen lange und machen in der richtigen Kombination nicht dick!

Alpenbutter und Alpensahne (auch Alpenkäse) enthalten fast dreimal mehr CLA und über 30 % mehr Omega-3 als Produkte aus Milch von Kühen, die Silofutter erhalten.

Wissenschaftlich ist auch seit Jahren nachgewiesen, dass es keinen Zusammenhang zwischen Nahrungscholesterin und Herz-Kreislauf-Erkrankungen gibt. Dieser Irrtum beschert bis heute der Margarinenindustrie Milliardengewinne!

Milchfett enthält sogar gesundheitsfördernde CLA-Fettsäuren, sogenannte konjugierte Linolsäure und auch Omega-3-Fettsäuren. Aber der Gehalt hängt vom Futter der Kühe ab. Je höher die Kühe weiden, umso gesünder das Milchfett.

Kohlenhydrate

Das menschliche Gehirn, das Knochenmark und die roten Blutzellen sind ausschließlich auf Kohlenhydrate in ihrer kleinsten Einheit – der Glukose – angewiesen.

Kohlenhydrate zählen genau wie Fett zu den Energielieferanten und sind in unterschiedlichen Mengen in Früchten, Gemüse, Pasta, Reis, Brot, Süßigkeiten und Hülsenfrüchten enthalten. Der Erfolg von *BodyReset* basiert hauptsächlich auf den zwei Säulen basenüberschüssig und kohlenhydratarm. Das heißt aber nicht, selten Kohlenhydrat-Lebensmittel zu essen, sondern lediglich Produkte, die wenig Kohlenhydrate enthalten. Ich unterscheide zwischen einfachen und konzentrierten Kohlenhydraten. Einfache Kohlenhydrate sind Salate, Früchte und Gemüse, zu denen glücklicherweise auch Kartoffeln und Bananen

*Auf die Kohlenhydrat-
dichte kommt es an!*

zählen, da sie nur 15 % Kohlenhydrate enthalten. In jeder Diät
sind Kartoffeln verpönt, dabei zählen sie zum Knollengemüse
und enthalten drei- bis viermal weniger Kohlenhydrate als Reis,
Brot oder Pasta. Diese gehören zu den konzentrierten Kohlenhydraten und sind säurebildend. Kartoffeln (und auch Bananen)
sind basenbildend!

Die Glukose ist unser Hauptbrennstoff, vergleichbar mit dem
Benzin fürs Auto. Je mehr Kohlenhydrate in einem Nahrungsmittel enthalten sind, umso schneller werden sie verstoffwech-
selt und bewirken einen Anstieg des Blutzuckers. Nun produziert die Bauchspeicheldrüse das Hormon Insulin, das den
Blutzucker in Glykogen umwandelt.
Nur in dieser Form kann der Zucker vom Körper als Wärme-
und Energieversorgung verbraucht werden. Essen wir nun
unserer Figur zuliebe viele Kohlenhydrate ohne Fett, reagiert
die Bauchspeicheldrüse mit einer massiven Produktion von Insulin. Das heißt, wenn die Kohlenhydrate aus einer Mahlzeit
umgewandelt sind, baut der Körper mit dem Zuviel an Insulin
den vorhandenen Zucker im Blut ab, denn Insulin kann er nicht
speichern.

**Dazu muss man
wissen:**
Alle Arten von Kohlen-
hydraten werden im Ver-
dauungstrakt zu Glukose
(Zucker) umgebaut.

Was passiert?

Der Blutzuckerspiegel sinkt in den Keller, wir werden energielos und hungrig. Also müssen wir wieder essen; meistens hat man in diesem Zustand Heißhunger auf Zucker. Ein Teufelskreis beginnt. Geben wir nun auch noch Butter oder Soßen zu den Spaghetti oder zum Reis, ohne diese geballte Energie mit Sport oder anderen körperlichen Aktivitäten sofort zu verbrauchen, veranlasst das Insulin den Körper, das Glykogen ebenfalls in Fett umzuwandeln und in die Depots abzuschieben.

Wenn aber z. B. eine Banane mit Sahne als Fruchtsalat oder Kartoffeln mit etwas Butter gegessen werden, verhindert erstens das Fett, dass der Zucker schnell ins Blut kommt, es wird viel weniger Insulin produziert, und durch den geringen Energiewert der Kohlenhydrate nimmt man mit diesen Kombinationen sogar ab, trotz Sahne oder Butter, beides sättigt lange, und der Blutzuckerspiegel bleibt im grünen Bereich.

Wer gewohnt ist, kohlenhydratreich und fettarm zu essen, sollte am Anfang immer Zwischenmahlzeiten einnehmen, denn der Körper braucht etwa drei Wochen, bis der Blutzuckerspiegel konstant bleibt. Mit der Zeit werden Sie immer mehr Abstand zur nächsten Mahlzeit gewinnen und automatisch auf die Zwischenmahlzeiten verzichten, weil Sie einfach keinen Hunger haben.

Erythritol als tolerierter Zuckerersatz

Ich persönlich bin sehr kritisch gegen Zuckerersatz oder Zuckeraustauschstoffe. Sucralose oder Aspartam zum Beispiel sind, wie die meisten auf dem Markt erhältlichen Süßungsmittel, Produkte, die im Labor chemisch hergestellt werden. Sie haben eine über hundertmal so starke Süßkraft wie Zucker. Sie sind so süß, dass ihnen ein kalorienhaltiger Füllstoff wie Maltodextrin oder Dextrose zugesetzt werden muss, damit man sie überhaupt dosieren kann. Aspartam steht zudem in Verdacht, an der Entstehung von Alzheimer* beteiligt zu sein.

* Buchtipp

Hans-Ulrich Grimm: Die Ernährungslüge. Wie uns die Lebensmittelindustrie um den Verstand bringt. Droemer-Knaur. München

Ein dritter Zuckerersatz sind sogenannte Zuckeralkohole, einer davon ist Erythritol, welcher auf natürliche Weise in kleinen Mengen in reifen Früchten, wie Melonen, Birnen, Trauben, und in fermentierten Lebensmitteln, wie Käse oder Wein, vorkommt. Vergleicht man Zuckeralkohole, wie Maltitol, Sorbitol und Isomalt mit Erythritol, fällt auf, dass die erstgenannten in ihrer Struktur wesentlich größer sind.

Sie können aufgrund ihrer Größe nicht im Dünndarm aufgenommen werden und wandern weiter in den Dickdarm, wo sie zu kleinen Fettmolekülen vergoren und vom Körper als Energie (Kalorien) gespeichert werden. Erythritol dagegen wird bereits im Dünndarm aufgenommen. Es hat somit als einziger Zuckeralkohol keine Kalorien und führt auch nicht zu Durchfall.

Deshalb ist es meiner Meinung nach tolerierbar, Erythritol bei sehr großem Übergewicht als Zuckerersatz maßvoll einzusetzen, z.B. für Kaffee, selbst gemachte Kuchen oder Gebäck. Nicht ersetzen müssen Sie Apfel- und Birnendicksaft im Tee oder in meinen Rezepten.

* Dokumentation unter www.bodyreset.com
** Erythritol ist im Handel unter dem Namen Sukrin erhältlich.

Mein »schwerster Fall« *Lis Schnellmann** mit einem Ausgangsgewicht von 144 Kilo hat aktuell mit *BodyReset* in 44 Wochen 45 Kilo abgenommen, auch Dank der Verwendung von Erythritol. Bei sehr großem Übergewicht dauert es ein bis zwei Jahre, um langfristig sein Wunschgewicht zu erreichen. Also braucht es eine Lösung, mit der auch diese Leserinnen und Leser nicht so lange auf vieles verzichten müssen.

Lis hat mit Erythritol** einige Rezepte kreiert, die gut schmecken, wenig Kohlenhydrate haben und deshalb eine Gewichtsabnahme *versüßen* können.

DIE REZEPTE

Frühstück und Zwischenmahlzeit

Traditionell hat sich eine Frühstückskultur bei uns entwickelt, die sich immer weiter von den natürlichen Bedürfnissen unseres Stoffwechsels entfernt. Oder wussten Sie, dass Sie mit der klassischen Version eines *gesunden* Frühstücks, namentlich Kaffee oder Schwarztee, Zucker, Milch oder heiße Schokolade, Joghurt, Quark, Getreideflocken, Orangensaft, Brot, Butter, Marmelade und Honig oder Käse, Eier und Wurst eine Säurelast von fast 100 % in Ihren Körper befördern! Einzig die Butter und das Ei sind neutral.

Wer nur Kaffee trinkt und unterwegs oder im Büro dann gemütlich seine Stulle oder sein fertig gekauftes Sandwich isst, dem fehlen ganz wichtige Nähr- und Vitalstoffe, die vor allem am Morgen für das Gehirn wichtig sind. Sie sind damit zwar satt, mehr aber auch nicht.

Wichtig!

Früchte immer schälen und entkernen, das ist verdauungsfreundlicher und schont die empfindlichen Schleimhäute des Magens. Essen Sie zur Banane nicht mehr als eine Sorte anderer Früchte, ein zu großes Durcheinander mag der Magen nicht.

Nach den Regeln 70 % Basen zu 30 % Säuren sieht ein wirklich gutes und nährstoffreiches Frühstück folgendermaßen aus:

- **Eiweiß** aus Eiern, mildem Käse, Lachs, Schinken (= Säurebildner)
- **Fett** aus Butter, Sahne, Mandeln (= Neutral)
- **Kohlenhydrate** aus Bananen und süßen Früchten, Karottensaft (= Basisch)
- Kaffee und Schwarztee mit wenig Sahne (= Neutral)

Nicht vergessen!
Vor dem Frühstück bzw. direkt nach dem Aufstehen ein großes Glas Wasser trinken, das ist gewissermaßen die Dusche von innen!

Schwer körperlich arbeitende Menschen oder Leistungssportler können auch eine in Butter gebratene Rösti mit Spiegelei essen, wenn er das bereits am Morgen möchte!

Rösti ist basisch, Butter und Eier sind neutral.

Nachfolgend finden Sie viele leckere Frühstücksvorschläge und dazu immer auch gleich ein Vorschlag für die Zwischenmahlzeit nach ca. 2 $\frac{1}{2}$ bis 3 Stunden.

Wenn Sie einen eher lahmen Stoffwechsel haben, schnell zu Übergewicht neigen oder manchmal Sodbrennen spüren, beginnen Sie das Frühstück entweder mit dem *BodyReset*®-Vitaldrink oder mit einem weichen Ei mit Salz vor einer Fruchtspeise, oder Sie nehmen ein Fruchtomelette, Rührei oder Käse und Frucht.

Alle Rezepte sind pro Person berechnet!

Rezeptübersicht Frühstück und Zwischenmahlzeit

- Standard-Frühstück *BodyReset*

Frühstücksgetränke

- Mandelmilch
- Sahneträumchen Ananas (ab dritter Woche)
- Sahneträumchen Vanille
- Sahneträumchen Schokolade (ab dritter Woche)

Frühstücksvarianten

- Apfelomelett

- Banane mit Omelettguss
- Käse und Früchte
- Bananenraclette
- Melone mit Sahne
- Melone mit Rohschinken
- Pikantes Rührei
- Süßes Rührei

Brotfrühstück

- Sonntagsbrunch mit Brot (ab dritter Woche)

Standard-Frühstück BodyReset®

Pro Person

1 Ei

1 kleine Banane

1 süßer Apfel

oder

1 Birne

oder

Ein Stück Melone

3 EL Sahne

1 EL Mandelblättchen

Das Ei nach Belieben ab Siedepunkt 3–5 Minuten kochen. In der Zwischenzeit die Banane schälen, längs halbieren und in Rädchen schneiden. Die andere Frucht schälen, entkernen und auch in kleine Stücke schneiden. In eine Müslischale geben, mit der flüssigen oder geschlagenen Sahne vermischen, mit Mandelblättchen garnieren. Zuerst das Ei mit etwas Salz essen, dann den Fruchtsalat.

Für ganz Süße

Die Sahne mit ½ TL Birnen**- oder Apfeldicksaft** oder Ahornsirup** vermischen, beides ersetzt den ungesunden, weißen Zucker.

** siehe Seite 37

Tipps

Wenn Sie noch kein Ei auf nüchternen Magen mögen, nehmen Sie das Ei oder auch ein Stück Käse später als Zwischenmahlzeit ein. Die Mandelblättchen können Sie auch weglassen und dafür 5 ganze Mandeln als Snack zwischendurch essen. Beerenfrüchte: Nach drei bis vier Wochen können Sie auch ab und zu eine Handvoll Beerenfrüchte mit der Banane mischen. Je reifer diese sind, desto weniger Säure enthalten sie.

Variante

Sie können die Sahne und die Mandelblättchen auch durch Kokosmilch und Kokosflocken ersetzen.

Zwischenmahlzeit

Eine Banane oder die gleiche, zweite Frucht wie am Morgen. Wenn Sie kein Ei hatten, darf es auch noch dieses mit etwas Salz oder ein Stück Käse sein.

Milchfett ist für den Menschen nicht problematisch, wohl aber Milchzucker und/oder das Kasein-Eiweiß. Ich habe einige leckere Alternativen im Programm, die vor allem auch Kinder sehr lieben!

Mandelmilch

Zutaten pro Person

2 EL Bio-Mandelpüree ungezuckert

2 TL Bio-Birnendicksaft

150 ml heißes Wasser

50 ml kaltes Wasser

50 g Bio-Sahne

Das Mandelpüree in eine Tasse geben, mit dem heißen Wasser verrühren, Birnendicksaft dazugeben, umrühren, das kalte Wasser und am Schluss etwas Sahne dazugeben.

Sahneträumchen Ananas

Zutaten pro Person

100 ml Bio-Ananassaft

100 ml Wasser

50 g Sahne

Alles miteinander verrühren, schmeckt herrlich!

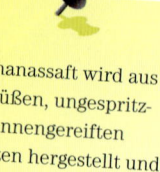

Info

Bio-Ananassaft wird aus ganz süßen, ungespritzten, sonnengereiften Früchten hergestellt und enthält praktisch keine Säure mehr.

Sahneträumchen Vanille

Zutaten pro Person

1 gehäufter EL *BodyReset®*-Vitaldrink*

200 ml trinkwarmes (nicht heißes!) Wasser

50 g Sahne

Idealerweise alles in einen Schüttelbecher geben (wird schaumig) und einige Sekunden schütteln oder mit einem Schwingbesen gut verrühren.

Tipp

Mit 1 TL *BodyReset®*-Kakaopulver* ergibt es einen feinen Schoko-vanille-Geschmack.

Sahneträumchen Schokolade

Ab dritter Woche

Idealerweise alles in einen Schüttelbecher geben und einige Sekunden schütteln oder mit einem Schwingbesen gut verrühren.

Tipp
$\frac{1}{2}$ TL Birnendicksaft** versüßt diesen Drink noch mehr!

Zutaten pro Person
2–3 TL *BodyReset®*-
  Kakaopulver*
200 ml warmes Wasser
50 g Sahne

** Birnen- und Apfeldicksaft und Ahornsirup eignen sich ideal als Süßungsmittel. Diese Produkte enthalten neben dem natürlich vorhandenen Fruchtzucker auch noch alle Vitamine, wertvollen Begleit- und Nährstoffe der Ausgangsprodukte. Wer abnehmen möchte, sollte diese Süßungsmittel sehr sparsam und nur zum Frühstück bzw. zur Zwischenmahlzeit am Morgen verwenden, denn auch dieser Zucker ist sehr gehaltvoll.

* Alle *BodyReset*-Vitalprodukte sind frei von Zusatz- oder Konservierungsstoffen, weißem Zucker, Säuren, Bindemittel usw.

Apfelomelett

Zutaten pro Person
1 kleiner süßer Apfel
Zimt
1 Ei
3 EL Sahne
1 Prise Salz
Etwas Butter
  zum Braten

1 Den Apfel schälen, entkernen, längs halbieren, vierteln und in feine Scheiben schneiden.

2 Ei, Sahne und Salz miteinander verrühren.

3 Wenig Butter in zwei Pfannen schmelzen lassen; in der einen die Apfelscheiben weich dünsten, in der Zwischenzeit in die andere Pfanne die Ei-Sahne-Mischung geben und ein Omelett backen. Zum Wenden am besten den Teller als Pfannendeckel benutzen, die Pfanne umdrehen, vom Teller wieder in die Pfanne gleiten lassen und fertig backen.

4 Das fertige Omelett wieder aus der Pfanne in den Teller kippen, die gedünsteten Apfelscheiben darauf verteilen, mit Zimt bestreuen und zusammenklappen.

Tipp

Wer es gerne sehr süß mag, kann vor dem Anrichten $1/2$ TL Apfel- oder Birnendicksaft mit den fertig gedünsteten Apfelscheiben vermischen.

Mehl

Wer lieber ein etwas dickeres Omelett mag, kann $1/2$ TL Kartoffelvollmehl oder Maismehl (nicht Stärke!) mit wenig Wasser verrühren und sofort mit der Ei-Sahne-Mischung vermengen.

Variante
Das gleiche Omelett kann auch mit Birnen zubereitet werden.

Zwischenmahlzeit

Banane, Apfel oder Birne

Banane mit Omelettguss

1 Die Banane schälen und in Rädchen schneiden, in der Butter auf einer Seite anbraten, wenden und auf der anderen Seite anbraten.
2 In der Zwischenzeit Ei, Sahne und Salz vermischen, die Masse über die Bananenrädchen gießen und vorsichtig mit einer Holzkehle vermischen, bis die Eimasse stockt.

Tipps

Nach Belieben mit Zimt bestreuen. Bananenomelett eignet sich auch als Nachspeise oder kleines Abendessen.

Zutaten pro Person

1 kleine Banane

1 Ei

3 EL Sahne

1 Prise Salz

Wenig Butter
    zum Braten

Zwischenmahlzeit

Apfel oder Birne

Käse und Früchte

Zutaten pro Person

1 Banane

und/oder

1 süßer Apfel

oder

1 süße Birne

oder

1 Stück Melone

Ca. 50 Gramm Käse

1 Die Früchte schälen, entkernen, in mundgerechte Stücke schneiden.
2 Den Käse ebenso in Stücke schneiden und auf einem Teller hübsch anrichten.

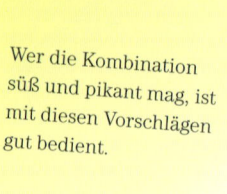

Wer die Kombination süß und pikant mag, ist mit diesen Vorschlägen gut bedient.

Tipp

Die Früchte und den Käse in kleine Würfel schneiden, mit 2 EL Sahne vermischen, den Frucht-Käse-Salat nach Belieben mit etwas schwarzem Pfeffer würzen.

Süße Variante

Pro Person statt Käse etwa 2 EL Ricotta, 2 EL Sahne, 1 TL Birnendicksaft, 1 Prise Zimt mit den klein gewürfelten Früchten vermischen.

Zwischenmahlzeit

Eine basische Frucht nach Belieben

Bananenraclette

1 Die Bananen schälen,
längs halbieren und mit den
Schnittstellen nach unten in
eine flache, feuerfeste, einge-
fettete Gratinschüssel geben.
2 Die Raclettescheiben
ebenso halbieren, längs je
2 auf die Bananenhälften
legen und im auf 200 °C
erhitzten Backofen mit
der Grillstufe überbacken,
bis der Käse schmilzt.

Variante
Das Gleiche geht auch mit
Birnen, die kann man vorher
in wenig Butter etwa 5 Mi-
nuten bei geschlossenem
Deckel in einer Pfanne
dünsten, wenn man die
Frucht gerne weich mag.

Zutaten pro Person
1 Banane
Ca. 50 Gramm Raclette-
käse (2 Scheiben)

Zwischenmahlzeit
Banane, Apfel oder Birne

Melone mit Sahne

Das schnellste Frühstück für Eilige

Zutaten pro Person
$^1/_2$ Melone
Circa 2–3 EL Sahne

Die Melone halbieren, ent-kernen, mit Sahne füllen und direkt mit einem Löffel aus der Schale essen!

Zwischenmahlzeit
Etwas Käse oder ein gekochtes Ei mit Salz und nach Belieben eine Banane

Melone mit Rohschinken

Zutaten pro Person
$^1/_2$ Melone
Ca. 50 g Rohschinken, dünn geschnitten

Die Melone in Scheiben schneiden, jede Scheibe mit Rohschinken umwickeln.

Melonen in Bio-Qualität schmecken viel intensiver!

Tipp
Eignet sich gut zum Mitneh-men in einem Tupperware-Gefäß. Die umwickelten Melonenscheiben in mund-gerechte Stücke schneiden. So können sie auch unter-wegs gegessen werden.

Variante
Mit Salat als Vorspeise auch als leichtes Mittagessen oder mit Gemüsesuppe als Vorspeise als leichtes Abendessen geeignet.

Zwischenmahlzeit
Banane, Apfel oder Birne

Pikantes Rührei

Zutaten pro Person
2 kleine Eier
4–5 EL Sahne
1 Prise Salz
Wenig Butter
Schwarzer Pfeffer
Frische oder
  getrocknete Kräuter
oder mageren Schinken

1 Eier, Sahne und Salz gut miteinander verrühren. Die Butter heiß werden lassen, die Eimasse dazugeben und unter Umrühren erhitzen, bis sie stockt, und sofort servieren.

2 Am Schluss nach Belieben fein gehackte Kräuter und schwarzen Pfeffer dazugeben.

3 Mit Schinken: Zuerst den Schinken in der Butter kurz anbraten, die Eimasse dazugeben und unter Rühren stocken lassen.

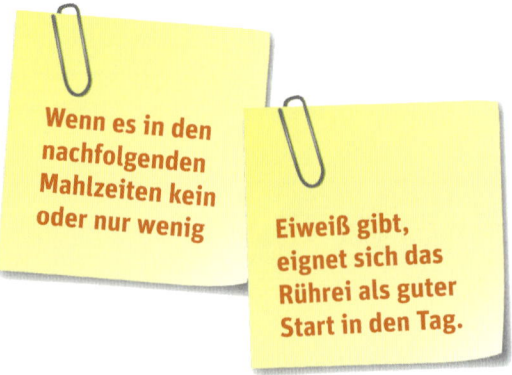

Wenn es in den nachfolgenden Mahlzeiten kein oder nur wenig Eiweiß gibt, eignet sich das Rührei als guter Start in den Tag.

Süßes Rührei

Zutaten pro Person
2 kleine Eier
4–5 EL Sahne
1 Prise Salz
Wenig Butter
1 TL Birnendicksaft
  und
½ Apfel oder
½ Birne

1 Bei der süßen Variante nach dem Verrühren von Eiern, Sahne und Salz den Birnendicksaft dazugeben und gut vermischen, so mögen auch Kinder die Eier!

2 Mit Frucht: Die Frucht schälen, entkernen, in kleine Würfelchen schneiden und in der Butter 2–3 Minuten dünsten. Die Eimasse darüber gießen und unter Umrühren stocken lassen.

Ein Leben ohne Brot ist kein Leben! Schade, dass Brot säurebildend ist und zu den konzentrierten Kohlenhydraten zählt. Es muss ja auch nicht jeden Tag sein, wie die feinen Frühstücksvarianten zeigen.

Aber gerade für Kinder in der Schulpause, als feiner Brunch am Sonntagmorgen oder zu Suppen und Salat (ohne andere Kohlenhydrate) passt Brot wunderbar, wenn es richtig kombiniert wird!

Deshalb einige Tipps, um ohne Reue Brot ab und zu nach der Neutralisationsphase einzubauen, ohne wieder zuzunehmen.

■ Wenn Sie Brot zum Frühstück oder zum Mittagessen wählen, danach keine Zwischenmahlzeiten essen, wenn Sie abnehmen möchten.

■ Brot und Marmelade sind eine sehr ungünstige Kombination, Früchte, Getreide und Zucker zusammen fangen im Körper an zu gären, übersäuern ihn und bilden Gase. Wenn Sie einen süßen Aufstrich möchten, lieber eine überreife Banane mit 2 EL Sahne pürieren und aufstreichen oder dünn Butter und danach wenig Birnen- oder Apfeldicksaft oder Ahornsirup aufstreichen.

■ Am wenigsten Probleme macht die Kombination Eiweiß, Salat oder Gemüse und Brot.

■ Wenn Sie sich für Brot entscheiden, dann essen Sie nur das, welches Ihnen am besten schmeckt, sei es Toast- oder Weißbrot, Zopf oder Hörnchen, Vollkorn- oder Urdinkelbrot. Wenn schon – denn schon, genießen Sie es!

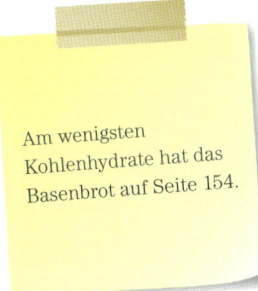

Sonntagsbrunch mit Brot

Ab dritter Woche

Was auch immer Sie gerne mögen, essen Sie es zusammen mit dem Brot, bis Sie satt sind! Ich empfehle den Sonntagsbrunch hauptsächlich am Sonntag gegen 10 Uhr, am Mittag gegen 13 oder 14 Uhr dann nur eine Suppe oder einen Salat essen, keine Zwischenmahlzeiten und am Abend gegen 18 Uhr eine warme Mahlzeit mit Gemüse und magerem Fleisch oder Fisch. So gleichen Sie das Brot aus und nehmen auch nicht zu davon.

Zutaten

1–2 Brotsorten in dünnen Scheiben oder 1–2 Brötchen

Butter

Schinken

Käse

Lachs

Rührei oder

Weiche Eier

Bananenpüree

Nach Belieben

Meerrettichmousse

Salatgurkenscheiben

Senf

Am wenigsten Kohlenhydrate hat das Basenbrot auf Seite 154.

Fleisch, Geflügel und Fisch

Immer beliebter wird die Niedriggarmethode, welche edle Fleischstücke butterzart werden lässt.

Allgemein für gutes Gelingen gilt: Kurzbratgerichte mit Fleisch, Geflügel oder Fisch kurz vor dem Ende der Zubereitung aller Beilagen eines Gerichtes würzen und auf beiden Seiten je 1 Minute in heißem Öl, Fisch in heißer Butter ambraten und dann auf die Seite stellen. Bratenfonds mit Wein oder Gemüsebouillon ablöschen, die Soße fertigstellen, die Bratstücke wieder dazugeben, Herd abstellen und das Bratgut je nach Größe 2–4 Minuten durchziehen lassen. Edelstücke wie Filet, Entrecote, Medaillons, Hohrückensteaks usw. gelingen am besten, wenn sie vorher 2 Tage im Kühlschrank in salzloser Marinade ziehen. Etwa eine Stunde vor dem Braten herausnehmen. Marinade abstreifen, das Bratgut salzen und in Öl scharf anbraten, Hitze reduzieren und auf niedriger Temperatur bis zur gewünschten Konsistenz durchziehen lassen.

Bei allen meinen Rezepten wird mit Gemüsebouillon abgelöscht. Ich weiß, dass es für jede Art von Fleisch, Geflügel und Fischgerichte fertige Fonds zur Geschmacksverstärkung zu kaufen gibt (Rind-, Kalb-, Geflügel-, Fischfonds).

Wenn ich die Zutaten lese, kann ich das meinen Leserinnen nicht mit gutem Gewissen zumuten. Wer wissen will, was in seinem Fond drin ist, muss ihn selbst herstellen, was mit einigem Aufwand verbunden ist.

Ich habe aber auch festgestellt, dass die Gerichte genauso typisch und fein schmecken mit den *BodyReset®*-Basic-Gewürzen und Gemüsebouillon, denn jedes Bratgut ergibt einen eigenen Geschmack, mit den richtigen Zutaten werden Sie keinen Unterschied merken. Und Sie führen Ihrem Körper keine unnötigen Inhaltsstoffe zu, die er eigentlich überhaupt nicht will oder braucht.

Kochen Sie die Rezepte nach, vergleichen Sie, testen Sie – ich freue mich auf jede Anregung und jede Kritik!

In den meisten Rezepten verwende ich Knoblauch und/oder Zwiebeln, weil ich das persönlich sehr mag. Man kann sie je nach Geschmack auch weglassen.

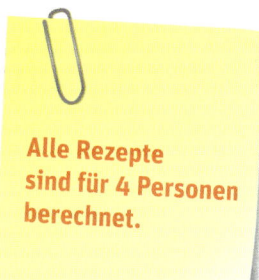

Alle Rezepte sind für 4 Personen berechnet.

Rezeptübersicht Fleisch

- Wirsingrouladen mit Hackfleisch
- Pot-au-feu
- Spargel mit Rohschinken und Sauce Hollandaise (ab dritter Woche)
- Jackys Liebling: Nidwaldner Ofentori
- Moussaka auf schnelle Art (ab dritter Woche)
- Käse-Hackfleisch-Gemüseeintopf

- Schmorgurken mit Hackbällchen
- Braten al Forno mit Cherry-Tomaten (ab dritter Woche)
- Gefüllte Zucchini-Schiffchen
- Jägerschnitzel
- Saltimbocca mit Rosmarinkartoffeln
- Hamburger Spezial à la Jacky
- Schweinemedaillon mit Steinpilzen

Wirsingrouladen mit Hackfleisch

Zutaten

1 großer Wirsing
2 l Gemüsebrühe
1 Zwiebel
2 Knoblauchzehen
2 Zweige frischer
  Oregano (oder
  $1/2$ TL getrocknet)
$1/2$ Bund Petersilie
100 g Rohess-Speck
  geschnitten
1 Karotte
400 g Hackfleisch
  gemischt
1 Ei
$1/2$ TL Salz
Pfeffer nach Belieben
1 MS Paprikapulver,
  edelsüß (nach Belie-
  ben auch scharfen
  Paprika)
3 EL Butter
2 TL Kartoffelvollmehl
200 g Sahne
Frische Muskatnuss
100 g Reibkäse rezent

Beilagentipp
Salzkartoffeln
(→ Rezept Seite 156)
nach Belieben mit
Schnittlauch garnieren.

1 Backofen auf 200 °C vorheizen und eine ofenfeste Bratform mit wenig Butter einfetten. Den Wirsing gut spülen und 5 Minuten in die kochende Gemüsebrühe legen. Den Strunk keilförmig herausschneiden, 12 Blätter vorsichtig ablösen, die Blattrispe herausschneiden und $1/4$ vom Wirsingherz fein schneiden (Rest des Wirsings für eine Gemüsesuppe verwenden, ebenso den Rest der Gemüsebrühe; 300 ml werden für die Soße benötigt).

2 Die Zwiebel hacken, den Knoblauch durchpressen, die Oreganoblätter abstreifen und zusammen mit der Petersilie hacken, die Speckscheiben nebeneinander legen und quer in circa $1/2$ cm breite Stücke schneiden, die Karotte schälen und fein reiben.

3 2 TL Kartoffelmehl mit einem Teesieb gleichmäßig über das Hackfleisch verteilen. Ei mit einer Gabel schlagen und mit Zwiebel, Knoblauch, Kräutern, Wirsingherz, Speck und Karotte vermischen.

4 Das mit Kartoffelmehl bestäubte Hackfleisch dazugeben, mit Salz, Pfeffer und Paprika würzen und gut verkneten. Aus der Fleischmasse mit einem Suppenlöffel 12 längliche Röllchen formen und in je ein Wirsingblatt einrollen, mit einem Zahnstocher fixieren und mit der Naht nach unten in die Bratform legen.

Für die Soße

1 Restliche Butter in einer Pfanne schmelzen, 2 TL Kartoffelmehl mit etwas kaltem Wasser (oder Weißwein) verrühren, sofort 300 ml Gemüsebrühe dazugießen, gut verrühren und die Sahne dazugeben, 5 Minuten leicht köcheln und mit Salz, Pfeffer und Muskat abschmecken.

2 Soße über die Wirsingrouladen gießen, Käse darüberstreuen, zugedeckt mit Alufolie in der unteren Ofenhälfte etwa 50 Minuten garen, Folie abnehmen, Rouladen goldgelb überbacken.

Tipp
Zwiebel-Kartoffelbrot
(→ Rezept *Basenbrot*
Seite 154)

Pot-au-feu

Zutaten

1 kg mageres Rind-
fleisch

2 l Wasser

1 kleiner Wirsing

3 Karotten

1 kleiner Sellerie,
ca. 300 g

3 Stängel Petersilie

1 Zwiebel ungeschält

2 Lorbeerblätter

4 Nelken

Gemüsebrühegranulat
für 2 Liter Brühe

1 TL schwarze Pfeffer-
körner

4 Wacholderbeeren

Salz nach Belieben

1 Wirsing waschen, Blätter halbieren und in Streifen schneiden. Karotten schälen, halbieren, in circa 4 cm lange Stücke schneiden. Sellerie schälen, vierteln und in 1 cm dicke Scheiben schneiden. Petersilie waschen und grob hacken. Alles in 2 Liter kaltem Wasser in einer großen Pfanne erhitzen.

2 Inzwischen das Rindfleisch in etwa 4 cm große Würfel schneiden. Zwiebelhälften mit den Schnittflächen nach unten dunkelbraun anrösten. Schnittflächen mit je 1 Lorbeerblatt und 2 Nelken bestecken. Zwiebelhälften, Brühgranulat, Pfefferkörner und Wacholderbeeren in den Sud geben und salzen.

3 Fleisch zugeben, aufkochen, Hitze reduzieren und Schaum abschöpfen. Fleisch zugedeckt bei schwacher Hitze etwa 1 $\frac{1}{2}$–2 Stunden leicht sieden. Vor dem Servieren besteckte Zwiebelhälften herausnehmen.

Ab dritter Woche

Spargel Hollandaise mit Rohschinken

Variante
Mit einem TL Senf (Dijon) und 1 TL getrocknetem Estragon eine Sauce Bearnaise herstellen.

1 Ofen auf 80 °C vorheizen und Sauciere warm halten. Den Spargel schälen, waschen, die holzigen Enden abschneiden. In kochendem Salzwasser mit etwas Zucker und 1 EL Butter etwa 10–20 Minuten kochen, je nach gewünschtem Biss.

2 Inzwischen den Rohschinken auf einer Seite der Teller fächerförmig verteilen. Wasserbad für die Soße erhitzen. Spargel gut abtropfen lassen, auf die Teller neben dem Rohschinken verteilen und im Ofen warm stellen.

Soße

1 150 g Butter in einer Pfanne zerlassen, nicht erhitzen. Eigelb mit Zitronensaft, Spargelwasser und einer Prise Salz in einen Topf geben und ins heiße Wasserbad stellen. Mit einem Rührbesen so lange rühren, bis die Masse cremig ist. Topf aus dem Wasserbad nehmen (wichtig, da sonst die Soße gerinnt!).

2 Nach und nach unter ständigem Rühren langsam die flüssige Butter zugeben. Mit Salz, Pfeffer und Cayennepfeffer abschmecken.

Zutaten
1 kg weißen Spargel
2 TL Salz
1–2 TL Zucker
1 EL Butter
150 g Butter
2 Eigelb
2 EL Spargelwasser
1 EL Zitronensaft
240 g Bündner Rohschinken
Eine Prise Cayennepfeffer
Salz und Pfeffer nach Belieben
Für die Soße
1 hitzefeste Schüssel
1 größere Pfanne

Jackys Liebling: Nidwaldner Ofentori

Zutaten

800 g Kartoffeln,
   mehlig kochend

1 Ei

150 g Sahne

50g Sbrinz oder
   Gruyère, gerieben

20 g Butter

200 g magerer Speck

20 g Butter

Salz, Pfeffer, Muskat-
   nuss (nach Belieben)

1 Backofen auf 200 °C vorheizen; Gratinform ausbuttern. Kartoffeln in Würfel schneiden, in Salzwasser weich kochen, abtropfen und pürieren. Ei, Sahne, Butter und Käse beimischen, gut miteinander verrühren und mit Pfeffer, etwas Muskatnuss und Salz nach Bedarf würzen.

2 Alles in die Gratinform füllen, Oberfläche glatt streichen. Den Speck quer in etwa 5 mm lange Stängel schneiden, in gleich großen Abständen in die Masse stecken, die kalte Butter in Flocken darüber verteilen. In der unteren Hälfte des Backofens etwa 25 Minuten backen.

Beilagentipp
Am Mittag:
Grüner Saisonsalat

Moussaka auf schnelle Art

Ab dritter
Woche

1 Ofen auf 200 °C vorheizen. Auberginen waschen, Kartoffeln schälen, beides in 2 mm Scheiben schneiden. Öl erhitzen. Auberginenscheiben von jeder Seite 30 Sekunden anbraten, herausnehmen, erneut etwas Öl erhitzen, Kartoffelscheiben anbraten, mehrmals wenden, herausnehmen.
2 Zwiebeln, Knoblauch und Fleisch gut anbraten. Lorbeerblatt und zerkleinerte Tomaten dazugeben. Mit Zimt, Salz, Pfeffer und Muskatnuss würzen. Unter Rühren dünsten, bis Flüssigkeit verkocht ist. Lorbeerblatt entfernen, abschmecken.
3 Hälfte der Kartoffeln und Auberginen in gefetteter Auflaufform verteilen. Mit Salz und Pfeffer würzen und Reibkäse bestreuen. Hackfleischmasse verteilen, mit restlichen Kartoffeln und Auberginen abschließen.
4 Ricotta mit Feta und Eiern pürieren, mit Salz und Pfeffer würzen und gleichmäßig über die Moussaka verteilen. Etwa 15–20 Minuten überbacken.

Zutaten

600 g Kartoffeln
600 g Auberginen
500 g Hackfleisch
2 Zwiebeln
3–4 Knoblauchzehen
1 Dose geschälte
   Tomaten
1 Lorbeerblatt
¼ TL Zimt
3 Eier
250 g Ricotta
150 g Fetakäse
Salz und Pfeffer
   nach Belieben

Käse-Hackfleisch-Gemüse-Eintopf

Zutaten

500 g Hackfleisch, gemischt
100 g Frühstücksspeck in Tranchen
2 kleine Zwiebeln
1 EL Öl zum Braten
500 g Kartoffeln
1 Brokkoli
1 kleiner Blumenkohl
2 Bund Suppengrün
1 l Gemüsebrühe
1 Prise Muskatnuss
300 g geriebener Bergkäse
Salz und Pfeffer nach Belieben

1 Zwiebeln schälen und würfeln. Specktranchen in etwa 2 cm lange Stücke schneiden. Öl erhitzen; zuerst die Zwiebel glasig anschwitzen, dann den Speck mitbraten, am Schluss das Hackfleisch dazugeben, vermischen und gut durchbraten. Dann die Gemüsebrühe dazugeben.

2 Das Suppengemüse säubern, klein schneiden und in die Brühe geben. Kartoffeln schälen, Blumenkohl und Brokkoli putzen, alles klein schneiden und in den Topf geben, mit Salz, Pfeffer und Muskat würzen.

3 Den Eintopf so lange kochen, bis die Kartoffeln gar sind. Zum Schluss den Käse in den Eintopf geben und unter Rühren schmelzen lassen.

Tipp
Schmeckt an kalten Wintertagen herrlich!

Schmorgurken mit Hackbällchen

1 Zwiebel hacken, Eier mit einer Gabel gut verrühren, mit Hackfleisch, Mandeln, Salz und Pfeffer gut vermischen und daraus 12 Hackbällchen formen. Schmorgurken schälen, in kleine Würfel schneiden und die zweite Zwiebel hacken.
2 Kräuterbutter in einer Pfanne auslassen, die Zwiebel andünsten, Gurken zufügen, mit einem Teesieb das Mehl gleichmäßig darüber verteilen, die Gurken ein paarmal wenden und kurz mitdünsten. Mit Wein oder Essig ablöschen.
3 Gurken aus der Pfanne nehmen. Gemüsebrühe und Sahne angießen, die Hackbällchen zufügen und 10 Minuten mild garen. Gurken wieder zufügen und weitere 10–15 Minuten leicht köcheln. In der Zwischenzeit den Dill zupfen, am Schluss einrühren, mit Salz und Pfeffer abschmecken.

Variante

Das Gurkengemüse passt auch wunderbar zu Fischgerichten.

Beilagentipp
Mit Salzkartoffeln und Petersilie servieren.

Zutaten
500 g Hackfleisch, gemischt
2 EL geriebene Mandeln
1 Zwiebel
2 Eier
1/2 TL Salz
60 g Kräuterbutter (→ Rezept Seite 146)
1 Zwiebel
1 kg Schmorgurken
4 EL Weißwein oder Weinessig
350 g Sahne
1 TL Kartoffelmehl
100 ml Gemüsebrühe
1 Bund Dill
Salz und Pfeffer

Braten al Forno mit Cherry-Tomaten

Zutaten

4 EL Öl

1 Bio-Zitrone, nur
  abgeriebene Schale

2 Knoblauchzehen

Etwas Pfeffer aus
  der Mühle

1 $\frac{1}{2}$ EL Majoran,
  grob gehackt

1 $\frac{1}{2}$ EL Rosmarinnadeln

1 kg Schweinefleisch
  zum Braten

1 TL Salz

1 kg kleine Kartoffeln

2 EL Öl

$\frac{1}{2}$ TL Salz

500 g Cherry-Tomaten

Salz und Pfeffer

1 Ofen auf 220 °C vorheizen. Marinade etwa 4 Stunden vor dem Braten zubereiten. Dafür Öl und alle Zutaten mit Rosmarin verrühren.

2 Fleisch mit $\frac{2}{3}$ Marinade bestreichen, zugedeckt mindestens 3 Stunden im Kühlschrank marinieren. Restliche Marinade zugedeckt beiseite stellen. Fleisch etwa 1 Stunde vor dem Braten aus dem Kühlschrank nehmen. Marinade in ein Schälchen abstreifen und Fleisch salzen.

3 Blech in der Mitte des vorgeheizten Ofens heiß werden lassen. Fleisch etwa 15 Minuten anbraten, Hitze auf 180 °C reduzieren und etwa 20 Minuten weiterbraten. Kartoffeln schälen, halbieren, mit Öl und Salz in einer Schüssel mischen, Blech aus dem Ofen nehmen, Bratfett auftupfen, Kartoffeln zum Braten aufs Blech legen und etwa 15 Minuten mitbraten.

4 Inzwischen Cherry-Tomaten mit der beiseite gestellten Marinade bestreichen, salzen und pfeffern, neben das Fleisch und die Kartoffeln legen und etwa 10 Minuten mitbraten. Ofen ausschalten, Fleisch herausnehmen, zugedeckt etwa 10 Minuten ruhen lassen.

5 Inzwischen Kartoffeln und Tomaten im ausgeschalteten Ofen fertigbraten. Braten tranchieren und mit den Kartoffeln und den Cherry-Tomaten anrichten.

Tipp

Soßenliebhaber können die abgestreifte Marinade und das Bratfett vom Fleisch zusammen in ein Schälchen geben. Während der Braten ruht, die Marinade und das Bratfett durch ein Sieb in eine kleine Pfanne geben, etwas Gemüsebrühe oder Weißwein und ein wenig Sahne dazugeben, aufkochen und mit Salz und Pfeffer abschmecken.

Beilagentipp
Am Mittag grüner
Saisonsalat

Gefüllte Zucchini-Schiffchen

Zutaten

2 große Zucchini

200 g gemischtes Hackfleisch

1 Zwiebel

1 Frühlingszwiebel

2 Knoblauchzehen

300 ml Gemüsebrühe, davon 100 ml beiseite stellen

3 EL Sahne

1 EL Thymianblättchen

Etwa 30 g Reibkäse, rezent

Salz und Pfeffer nach Belieben

1 Backofen auf 220 °C vorheizen; Gratinschüssel ausbuttern. Zucchini waschen, längs halbieren und in der Mitte aushöhlen, Furchtfleisch beiseite stellen. Leicht mit Salz und Pfeffer würzen, in die ausgebutterte Gratinschüssel nebeneinander legen.

2 Unterdessen die Zwiebel schälen und grob hacken, Frühlingszwiebel putzen und in feine Ringe schneiden, den Knoblauch schälen und durch die Presse drücken. Eine beschichtete Bratpfanne ohne Fett warm werden lassen. Hackfleisch etwa 2 Minuten gut anbraten und dann herausnehmen.

3 Zwiebel, Frühlingszwiebel, Knoblauch, das beiseite gestellte Fruchtfleisch grob hacken und in der gleichen Pfanne kurz anbraten, 200 ml Gemüsebrühe dazugießen, etwa 2 Minuten weiterköcheln lassen.

4 Fleisch wieder dazugeben. Sahne und Thymianblättchen daruntermischen, nochmals circa 2 Minuten kochen, nach Belieben mit Salz und Pfeffer abschmecken. Masse in die Zucchinihälften füllen, mit Käse bestreuen. Beiseite gestellte Gemüsebrühe in die Gratinschale gießen. In der Mitte des Backofens circa 25 Minuten gratinieren.

Variante

Die Füllung eignet sich auch für Auberginen, ab dritter Woche für Tomaten oder Paprika.

Beilagentipp
Am Mittag einen grünen Blattsalat.

Jägerschnitzel

Zutaten

4 Schweineschnitzel, dünn geklopft

2 EL Kartoffelvollmehl

1 Ei

2 EL geriebene Mandeln

Etwas Öl zum Braten

500 g Champignons

30 g Speck

1 Zwiebel

150 ml Gemüsebrühe

100 g Sahne

1 Zweig Thymian oder ½ TL getrockneten Thymian

Petersilie nach Belieben

Salz und Pfeffer nach Belieben

1 Backofen auf 80 °C vorheizen. Champignons putzen, kleine ganz lassen, größere halbieren. Zwiebel schälen und fein hacken. Speck in circa 1 cm breite Querstreifen schneiden. Schnitzel mit Salz und Pfeffer würzen. Dann nacheinander in Kartoffelmehl, in geschlagenem Ei und den gemahlenen Mandeln wenden.

2 In einer Pfanne Öl erhitzen, die Schnitzel von beiden Seiten auf mittlerer Hitze goldgelb braten, dann die Schnitzel aus der Pfanne nehmen und warm stellen.

3 Champignons unter Rühren in der Pfanne so lange scharf anbraten, bis sie etwas Wasser lassen, dann sofort aus der Pfanne rausnehmen. Eventuell wieder etwas Fett in die Pfanne geben, die gehackte Zwiebel und den geschnittenen Speck anschwitzen. Wenn die Zwiebeln leicht bräunen, die Champignons wieder zugeben und das Ganze mit der Brühe und der Sahne auffüllen.

4 Mit Salz und Pfeffer abschmecken und den Thymian beigeben. Die Soße jetzt unter gelegentlichem Rühren so lange einköcheln, bis sie cremig ist. Dann Pfanne vom Herd nehmen, eventuell mit Salz und Pfeffer nachwürzen. Die Schnitzel auf die Teller geben und mit der Soße übergießen. Nach Belieben mit Petersilie garnieren.

Beilagentipp
Zu dem Gericht passen ausgezeichnet Ofen-Pommes oder Kartoffelkroketten.

Saltimbocca mit Rosmarinkartoffeln

Zutaten

4 Kalbsschnitzel,
   ganz dünn
4 Scheiben Parma-
   schinken, dünn
4 größere Salbeiblätter
Etwas Butter zum
   Braten
1 EL Butter
50 ml Weißwein
50 g Sahne
500 g kleine Kartoffeln,
   festkochend
2 Knoblauchzehen
4 Zweige Rosmarin
50 ml Öl
1 TL Zitronensaft
1 EL Birnendicksaft
1 EL Senf
Salz und Pfeffer
   nach Belieben

1 Ofen auf 100 °C vorheizen. Kartoffeln schälen, längs halbieren und 10 Minuten in Salzwasser kochen. Knoblauch schälen und fein hacken. Rosmarinnadeln von den Zweigen lösen (am besten mit einer Schere) und in kleine Stücke schneiden. Knoblauch, Rosmarin, Zitronensaft, Birnendicksaft und Senf mit dem Öl gut verrühren und mit Salz und Pfeffer abschmecken.

2 Kartoffeln abschütten, noch heiß in die Marinade geben, gut vermischen und in einer Gratinschüssel im Ofen warm halten. Die Schnitzel mit je einer Scheibe Parmaschinken und einem Salbeiblatt belegen und mit einem Zahnstocher feststecken.

3 Die Schnitzel in heißer Butter etwa 2–3 Minuten von beiden Seiten goldbraun braten, herausnehmen, die untere Seite mit Salz und Pfeffer würzen, in den Backofen stellen und die Temperatur auf 50 °C reduzieren. Den Bratenfond mit Weißwein ablöschen und etwas einkochen lassen.

4 1 EL Butter und die Sahne mit dem Schneebesen unter die Soße rühren und mit Salz und Pfeffer abschmecken. Die Schnitzel in die Soße legen, Kartoffeln und Schnitzel auf die Teller verteilen und Soße darübergeben.

Beilagentipp
Saisonsalat oder ab dritter Woche grüne Bohnen.

Hamburger Spezial à la Jacky

500 g Hackfleisch
   gemischt

2 Zwiebeln

2 Chilischoten

2 Zehen Knoblauch

1 Stängel Thymian

1 Stängel Oregano

1 Stängel Petersilie

2 EL geriebene
   Mandeln

1 Ei

Circa 100 ml
   dunkles Bier

Etwas Senf, mild
   bis scharf oder
   Hamburgersoße
   (→ Rezept Seite 148)

800 g gekochte
   Kartoffeln

1 TL Salz

Etwas Butter und Öl

Salz und Pfeffer
   nach Belieben

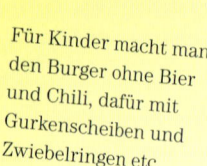

Für Kinder macht man den Burger ohne Bier und Chili, dafür mit Gurkenscheiben und Zwiebelringen etc.

1 Die Kartoffeln am Vortag kochen. Backofen auf 100 °C vorheizen und zwei große Bratpfannen bereitstellen. Kartoffeln schälen, in eine Schüssel reiben, jede Schicht leicht salzen, am Schluss gut vermischen und je nach Geschmack noch etwas nachsalzen.

2 1 Zwiebel schälen, fein hacken, alles zusammen gut mischen und 8 flache, runde Röstis formen. Die andere Zwiebel und den Knoblauch schälen; den Knoblauch durch die Presse drücken. Die Zwiebel fein hacken, die Chilischote entkernen und auch fein hacken.

3 Thymian, Oregano und Petersilie vom Stängel entfernen und auch fein hacken. In einem kleinen Topf etwas Öl erhitzen, die gehackten Zwiebeln, den Knoblauch, die Chilis, Thymian und Oregano bei mittlerer Hitze 3 Minuten anschwitzen, bis die Zwiebeln glasig sind. Alles zur Seite stellen und abkühlen lassen.

4 Das Ei mit einer Gabel gut verquirlen. In einer großen Schüssel das Rinderhack mit der kalten Zwiebelmischung und dem Ei gut vermischen. Langsam so viel Bier dazugeben, dass die Masse nicht zu nass wird. Dann gehackte Petersilie, Mandeln, Salz und Pfeffer dazugeben und gut vermischen.

5 4 runde Burger formen, etwa so groß wie die Röstis, nur etwas dicker. In der einen Pfanne Öl erhitzen und die Burger auf beiden Seiten scharf anbraten. Temperatur zurücknehmen und die Burger auf jeder Seite circa 6 Minuten durchbraten und während der Zubereitung der Röstis die Burger immer wieder wenden.

6 Inzwischen in der anderen Pfanne je zur Hälfte etwas Öl und Butter erhitzen, 4 Röstis auf jeder Seite anbraten, bis sie schön braun sind, im Backofen warm halten, die anderen 4 Röstis gleich zubereiten. Röstis auf 4 Teller legen. Mit der Hamburger-soße bestreichen, Hamburger darauflegen, auf der anderen Seite ebenso Soße auf die Hamburger streichen und die Röstis aus dem Ofen auf den Hamburger legen (das sieht aus wie ein Röstiburger!).

7 Alternativ den Hamburger mit Senf bestreichen, mit der Senfseite auf die Rösti im Teller legen und die andere Seite des Hamburgers auch mit Senf bestreichen und die Röstis aus dem Ofen darauflegen.

Beilagentipp
Gurkensalat
(→ Rezept Seite 167)

Schweinefilet mit Steinpilzen

Zutaten

- 600 g Schweinefilet
- 4 Scheiben Parmaschinken
- 2 EL Senf (Dijon)
- 1 Bund Frühlingszwiebeln
- 1 Handvoll getrocknete Steinpilze
- 200 ml Weißwein, trocken
- 200 g Sahne
- 100 g Gorgonzola
- 1 Bund Petersilie gehackt
- 2 EL Öl zum Braten
- 1 TL Gemüsebrühepulver
- Salz und Pfeffer nach Belieben

1 Steinpilze in einer Schüssel mit heißem Wasser übergießen, bis sie knapp bedeckt sind und etwa 30 Minuten einweichen. Dann die Steinpilze aus der Flüssigkeit nehmen und in grobe Stücke schneiden; die Flüssigkeit aufbewahren.

2 Die Frühlingszwiebeln waschen und in Ringe schneiden. Das Fleisch dünn mit Senf bestreichen, leicht salzen und pfeffern und in circa 2 mal 2 cm große Streifen schneiden.

3 Den Parmaschinken in feine Streifen schneiden, in heißem Öl anbraten, bis der Schinken schön goldig ist, dann herausnehmen, auf einen Teller legen und bei

seite stellen. Die Filetstreifen in die Pfanne geben, kurz auf allen Seiten anbraten und zum Schinken legen.

4 In der gleichen Pfanne die Zwiebeln anschwitzen, die Steinpilze dazugeben, mit Weißwein ablöschen und kurz verdampfen lassen. Dann die Steinpilzflüssigkeit und die Sahne dazugießen, etwas einkochen lassen und eventuell etwas Gemüsebrühepulver hinzufügen.

5 Den klein geschnittenen Gorgonzola in der Soße schmelzen lassen. Schinken und Fleisch mit dem ausgetretenen Saft in die eingekochte Soße geben und bei milder Hitze circa 3 Minuten ziehen lassen. Mit Petersilie bestreut servieren.

Variante

Das Gericht kann auch mit anderen oder gemischten Pilzen zubereitet werden.

Beilagentipp
Kürbispüree
(→ Rezept Seite 164)

Für alle Rezepte können Sie auch Putenfleisch verwenden.

Hühnchenfleisch

Hühnchenfleisch eignet sich für viele Rezepte. Es ist zart und fettarm. Achten Sie unbedingt auf Bio- und Freiland-Qualität, denn in der Massentierhaltung geht es den Tieren sehr schlecht. Sie werden vorbeugend mit Antibiotika behandelt und oft mit Wachstumshormonen auf Turbogröße gezüchtet. Das hat mit tiergerechter Haltung nichts zu tun. Sie können als Vegetarier das Hühnchenfleisch durch Soja- oder Quornprodukte ersetzen. Nur bei Bio-Soja haben Sie die Garantie, keine gentechnisch veränderten Produkte zu konsumieren.

Alle Rezepte sind für 4 Personen berechnet.

Rezeptübersicht Hühnchenfleisch

- Geschnetzeltes Hühnchenfleisch mit Brokkoli und Mandeln
- Hühnchen-Nuggets an Kräutersoße
- Hühnchenfrikassee
- Hühnchenstreifen an Cognac-Sahnesoße
- Hühnchenfleisch mit Sojasoße und Gemüse
- Hühnchen-Wirsing-Wirbel an Portwein-Jus
- Hühnchen Saltimbocca auf Zucchinibeet
- Hühnchenfleisch mit Fenchel (ab dritter Woche)

Aus dem Ofen:

- Hühnchenbrust mit süßer Rosmarinsoße
- Freiburger Hühnchenbrust (ab dritter Woche)
- Hühnchenbrust mit Sesam
- Mozzarella-Hühnchen mit Basilikum-Soße (ab dritter Woche)
- Italienisches Ofen-Hühnchen (ab dritter Woche)
- Gemüse-Hühnchenbrust mit Rosmarinkartoffeln

Beilagentipp
Bratkartoffeln
(→ Rezept Seite 158)

Geschnetzeltes mit Brokkoli und Mandeln

1 Salz, Pfeffer und Paprika zum Fleisch geben und gut vermischen. Schalotten fein hacken, Brokkoli waschen und in kleine Röschen teilen. Mandelstifte in etwas Öl auf kleiner Hitze hellbraun anrösten, herausnehmen und zur Seite stellen. Etwas Öl in die gleiche Pfanne nachgießen und erhitzen. Das Fleisch circa 3 Minuten darin anbraten und anschließend herausnehmen.
2 Schalotten in die Pfanne geben und circa 1 Minute dämp-fen. Brokkoliröschen kurz mit-dämpfen. Sojasoße, Weißwein und Gemüsebrühe dazugießen und zugedeckt etwa 10 Minu-ten köcheln. Sahnemischung hinzufügen und kurz aufko-chen. Zum Schluss das Fleisch dazugeben (nur noch heiß werden lassen), eventuell nachwürzen und alles mit den Mandelstiften bestreuen.

Tipp

Das Fleisch wird zarter, wenn Sie Hühnchenbrust kaufen und diese selbst in circa 3 mal 2 cm große Streifen schneiden.

Zutaten

500 g geschnetzeltes Hühnchenfleisch
1/2 TL Salz
Etwas Pfeffer und Paprika
1 EL Öl zum Braten
2 kleine Schalotten
400 g Brokkoli
2 EL Sojasoße
100 ml Weißwein oder Gemüsebrühe
200 ml Gemüsebrühe
50 g Sahne mit 50 ml Wasser gemischt
3 EL Mandelstifte

Hühnchen-Nuggets an Kräutersoße

Zutaten

4 Stück Hühnchen-
brust, je 150 g

1 EL Senf

1 EL Öl

$^1/_2$ TL Paprika

$^1/_4$ TL Salz

Etwas Pfeffer

75 g geriebene
Mandeln

2 EL Öl zum Braten

Soße

1 Bund Petersilie

$^1/_2$ Bund Dill

1 Knoblauchzehe

$^1/_4$ TL Paprika

$^1/_4$ TL Salz

Wenig Pfeffer

$^1/_2$ Bio-Zitrone,
abgeriebene Schale

2 TL Zitronensaft

100 ml Öl

Salz und Pfeffer
nach Belieben

1 Petersilie und Dill waschen, fein hacken, die Knoblauchzehe durchpressen, alles mit der abgeriebenen Zitronenschale vermischen und beiseite stellen.

2 Hühnchenfleisch mit Senf einreiben, dann quer in circa 2 cm breite Streifen schneiden. Öl, Paprika, Salz und Pfeffer in einem Teller gut verrühren. Geriebene Mandeln in einen zweiten Teller geben. Hühnchenstreifen in der Marinade mehrmals wenden, dann mit der Mandel-Zitronenschalen-Mischung rundherum panieren. Öl in einer beschichteten Pfanne erhitzen, dann Hitze reduzieren und Hühnchenstreifen portionenweise bei mittlerer Hitze rundherum kurz und knusprig anbraten, auf kleinster Stufe durchziehen lassen, bis die Soße gemacht ist.

Soße

1 Inzwischen Petersilie, Dill, Knoblauch und Zitronenschale mit den Gewürzen vermischen und mit dem Zitronensaft gut verrühren.

2 Öl nach und nach unterziehen, bis die Soße leicht sämig wird, eventuell mit Salz und Pfeffer nachwürzen.

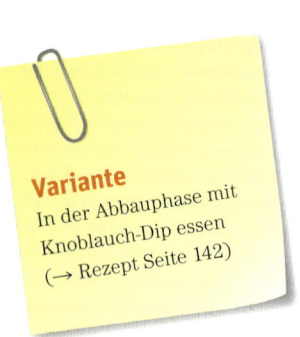

Variante
In der Abbauphase mit Knoblauch-Dip essen
(→ Rezept Seite 142)

Beilagentipp
Gurkensalat
(→ Rezept Seite 167)

Hühnchenfrikassee

Zutaten

1 frisches Hähnchen,
  circa 1,2 kg
200 g Champignons
1 Glas Spargel
1 Zwiebel
1 Bund Suppengrün
2 Lorbeerblätter
8 schwarze Pfeffer-
  körner
2–3 TL Salz
2 EL Öl zum Braten
40 g Butter
2 EL Kartoffelvollmehl
Etwas weißen Pfeffer
1 TL Birnendicksaft
1–2 EL Weißwein nach
  Belieben
1 Spritzer Zitronensaft
1 EL Kapern
1 Eigelb
1 Bund Schnittlauch
2 Karotten
Gehackte Petersilie,
  je nach Belieben
Eine Handvoll Erbsen
Salz und Pfeffer
  nach Belieben

1 Zwiebel schälen und vierteln. Suppengrün putzen, waschen und eventuell schälen, den Sellerie würfeln, die Karotten halbieren und den Porree in Stücke schneiden. Das Hühnchen waschen.

2 Hühnchen, Suppengrün, Zwiebel, Lorbeerblätter, Pfefferkörner, Salz und 1,5 l Wasser aufkochen und circa 1 Stunde köcheln.

3 Die Champignons putzen und halbieren, die größeren vierteln. Öl erhitzen und die Pilze darin kurz anbraten, dann herausnehmen. Den Spargel abtropfen lassen und in Stücke schneiden. Schnittlauch waschen und in feine Röllchen schneiden.

4 Hühnchen aus der Brühe heben, die Brühe durch ein Sieb gießen, Karotten in Scheiben schneiden und 750 ml Brühe abmessen.

Das Hühnchen von Haut und Knochen lösen und in kleine Stücke schneiden.

5 Die Butter in einem Topf schmelzen, das Mehl unter Rühren anschwitzen, mit der Brühe ablöschen und unter Rühren aufkochen lassen. Mit Salz, Pfeffer, Birnendicksaft, Zitronensaft und Wein abschmecken. Das Hühnchenfleisch mit Pilzen, Kapern, Karotten und Spargel in der Soße nochmals aufkochen und die Pfanne vom Herd nehmen.

6 Das Eigelb mit 3 EL Soße verquirlen und vorsichtig in das Frikassee rühren, mit Schnittlauch und eventuell mit Petersilie bestreuen und sofort servieren.

Beilagentipp

Dazu schmecken Petersilienkartoffeln oder Reis und Blattsalat

Hühnchen mit Cognac-Sahnesoße

Zutaten

600 g Hühnchenbrust
2 EL Öl zum Braten
1 Zwiebel
500 g gemischte Pilze,
   z. B. Champignons,
   Austern- oder
   Shiitakepilze
100 ml Gemüsebrühe
1 EL Cognac
200 g Sahne
Salz und Pfeffer
   nach Belieben

1 Hühnchenfleisch in circa 2 mal 3 cm lange Streifen schneiden. Pilze putzen und je nach Größe halbieren oder vierteln, Zwiebel in feine Streifen schneiden. Etwas Öl in einer Bratpfanne erhitzen, das Fleisch portionenweise kurz anbraten, herausnehmen, auf eine Platte legen und mit Salz und Pfeffer würzen.
2 In die gleiche Pfanne etwas Öl geben, die Zwiebeln andämpfen und die Pilze etwa 5 Minuten mitdämpfen, dann mit Cognac ablöschen, Gemüsebrühe dazugießen und aufkochen. Hitze reduzieren und etwa 10 Minuten leise köcheln, die Sahne dazugeben, aufkochen, Hühnchenfleisch dazugeben, den Herd abstellen und alles 3 Minuten durchziehen lassen, eventuell mit Salz und Pfeffer nachwürzen.

Variante
Sie können auch Bio-Schweinefleisch verwenden.

Beilagentipp
Kartoffelrösti
(→ Rezept Seite 120)

Hühnchenfleisch mit Sojasoße und Gemüse

1 Hühnchenbrust in circa 2 mal 3 cm große Streifen schneiden. Paprika, Pfeffer und Mehl mischen, zum Fleisch geben und gut mischen. Öl im Wok oder in einer großen Bratpfanne erhitzen, das Fleisch kurz auf allen Seiten anbraten und dann herausnehmen.
2 Zuckererbsen schräg halbieren, Maiskölbchen kalt abspülen, schräg in circa 2 cm lange Stücke schneiden. Zuckererbsen in der gleichen Pfanne etwa 2 Minuten unter Umrühren braten, Maiskölbchen circa 1 Minute mitbraten. Sojasoße und Wasser dazugießen, Hitze reduzieren und circa 5–10 Minuten je nach gewünschter Bissstärke mitköcheln.
3 Fleisch wieder beigeben, nur noch heiß werden lassen, anschließend würzen.

Beilagentipp
Soja-Glasnudeln (aus dem Asialaden) oder ab dritter Woche ganz feine Eiernudeln.

Zutaten
400 g Hühnchenbrust
$1/2$ TL Paprika
Etwas schwarzen Pfeffer
3 TL Kartoffel- oder Maismehl (keine Stärke!)
2 EL Öl zum Braten
200 g Zuckererbsen
12 Maiskölbchen aus dem Glas
4 EL Kikkoman- Sojasoße
100 ml Wasser
Salz und Pfeffer nach Belieben

Hühnchen-Wirsing an Portwein-Jus

Zutaten

1 Wirsing (8 große Blätter)

1 ½ l Salzwasser

250 g Raclettekäse, grob gerieben

½ EL Italia Kräutermischung

2 Stück Hühnchenbrust, je circa 180 g

½ TL Paprika

½ TL Salz

4 Holzspieße

2 EL Öl zum Anbraten

150 ml roter Portwein

150 ml Gemüsebrühe

Wenig Salz

Etwas Pfeffer aus der Mühle

1 Backofen auf 100 °C vorheizen. Wirsingblätter portionsweise etwa 1 Minute blanchieren, mit einer Schaumkelle herausnehmen, kurz kalt abspülen und auf einem Tuch abtropfen lassen.

2 Käse mit der Italia-Kräutermischung, Paprika und etwas Salz vermischen, auf den Wirsingblättern verteilen, dabei rundherum einen Rand von circa 2 cm frei lassen und anschließend die Wirsingblätter längs aufrollen.

3 Jede Hühnchenbrust längs in 4 Streifen schneiden, leicht würzen, je ein gefülltes Wirsingblatt neben einen Hühnchenstreifen legen und schneckenförmig zusammen aufrollen. Je zwei Wirbel quer auf einen Holzspieß stecken. Öl in einer beschichteten Bratpfanne erhitzen, dann die Hitze reduzieren und die Wirbel portionsweise bei mittlerer Hitze beidseitig jeweils circa 3 Minuten braten und die fertigen Spieße zugedeckt warm stellen.

4 Portwein und Gemüsebrühe in die Pfanne gießen, Bratensatz lösen und aufkochen. Die Flüssigkeit auf circa 150 ml einkochen und mit Salz und Pfeffer abschmecken. Jus auf die vorgewärmten Teller verteilen und die Wirbel darauf anrichten.

Variante

Schmeckt ab der dritten Woche auch mit Lattichblättern sehr lecker.

Beilagentipp
Petersilienkarotten
(→ Rezept Seite 162)

Hühnchen-Saltimbocca mit Zucchini

Beilagentipp
Rosmarinkartoffeln
spezial
(→ Rezept Seite 159)

Zutaten
4 Stück Hühnchenbrust
8 Scheiben Parma-
  schinken
24 Salbeiblätter
3 EL Butter zum Braten
2 große Zucchini
200 ml Marsala
2 EL Ahornsirup
100 ml Gemüsebrühe
Etwas Salz und Pfeffer
2 EL Öl zum Braten

1 Das Fleisch waschen, abtupfen, der Länge nach halbieren und leicht flach klopfen. Auf beiden Seiten mit Salz und Pfeffer würzen, je drei Salbeiblättchen auflegen, je eine Scheibe Parmaschinken um die Brustfilets wickeln und mit Zahnstochern feststecken.
2 Butter in einer Pfanne erhitzen und das Fleisch von beiden Seiten goldbraun anbraten. Marsala hinzugeben und auf kleinster Hitze gar ziehen lassen, dabei ein- bis zweimal wenden.

3 Unterdessen Zucchini schälen, längs halbieren und vierteln, in circa 4 cm lange Streifen schneiden. Öl in einer Pfanne erhitzen und die Streifen leicht anbraten. Mit der Brühe ablöschen. Mit Salz und Pfeffer würzen, den Ahornsirup beigeben und vorsichtig vermischen. Deckel auflegen und ungefähr 10 Minuten auf kleiner Stufe garen lassen.
4 Zum Schluss etwa drei EL vom Zucchinisud in die Hühnchenpfanne gießen und unterrühren.

Hühnchenfleisch mit Fenchel

Ab dritter Woche

1 Fenchel putzen, Kraut hacken, Fenchel in dünne Scheibchen schneiden. Hühnchenfleisch mit Küchenkrepp trockentupfen und mit Salz, Pfeffer und Paprika würzen.
2 Öl in der Bratpfanne erhitzen, das Fleisch auf beiden Seiten anbraten, herausnehmen und beiseite stellen. Fenchelscheibchen in den Bratenfond geben, kurz andünsten und mit der Gemüsebrühe ablöschen. Saft und abgeriebene Orangenscha-len zufügen und alles circa 20 Minuten leise köcheln.
3 Sahne zufügen, umrühren und etwas einkochen, bis die Soße sämig ist. Zum Schluss das Hühnchenfleisch wieder beigeben, den Herd abstellen, Pfanne zudecken, alles etwa 3 Minuten ziehen lassen.
4 Vor dem Anrichten mit etwas Orangenschale und dem Fenchelkraut garnieren.

Beilagentipp
Kartoffelpüree
(→ Rezept Seite 161)

Zutaten
2 kleine Fenchelknollen
500 g Hühnchenbrust
2 EL Raps- oder Erdnussöl
Circa 200 ml Gemüsebrühe
Saft und abgeriebene Schale von 1 großen Orange
200 g Sahne
Salz, Pfeffer, Paprika nach Belieben

Hühnchenbrust mit süßer Rosmarinsoße

Zutaten

4 Stück Hühnchen-
brust, je circa 150 g

$1/2$ TL Salz

Etwas Pfeffer aus der
Mühle

Rosmarinsoße

100 ml Gemüsebrühe

100 ml dunkles Bier

2 $1/2$ EL Birnendicksaft

1 TL Rosmarinnadeln,
fein gehackt

1 Backofen auf 180 °C vorwärmen, die Hühnchenbrust
auf jeder Seite je 1 Minute
anbraten, mit Salz und
schwarzem Pfeffer würzen,
in einen Bräter legen und
im Backofen bei 180 °C etwa
15–20 Minuten braten.

Süße Rosmarinsoße

1 Inzwischen die Brühe und
dunkles Bier zusammen in
einer Pfanne bei kleiner Hitze
auf die Hälfte einkochen.
Den Birnendicksaft beigeben
und circa 3 Minuten bei
kleinster Hitze weiterköcheln.

2 Fein gehackte Rosmarinnadeln hinzufügen und
nach Bedarf mit Salz
und Pfeffer würzen.

Variante

An Stelle von Bier
können Sie auch Gemüse-
brühe verwenden.

Beilagentipp
Kürbispüree
(→ Rezept Seite 164)

Freiburger Hühnchenbrust

Ab dritter Woche

Beilagentipp
Grüner Blattsalat
(→ Rezept Seite 168)

1 Backofen auf 250 °C vorheizen und ofenfeste Form einfetten. Öl erhitzen, Mehl mit Teesieb über die Hühnchenbrust stäuben, bei mittlerer Hitze beidseitig je circa 3 Minuten braten, mit wenig Salz und Pfeffer würzen, in die Form legen, Vacherin darauf verteilen und Reibkäse darüber streuen.
2 Hühnchenbrust in der oberen Hälfte des Backofens mit Oberhitze etwa 3 Minuten überbacken, danach Temperatur abstellen.

Soße

1 Butter in der gleichen Pfanne schmelzen, die Zwiebeln andämpfen, mit Brühe ablöschen auf 2 EL einkochen. Tomaten dazufügen, nur noch heiß werden lassen, Wein dazugeben, nach Belieben Petersilie darüber streuen, würzen.
2 Auf der überbackenen Hühnchenbrust verteilen und sofort servieren.

Tipp

Alternativ kann auch Raclettekäse verwendet werden.

Zutaten

2 EL Rapsöl

4 Stück Hühnchenbrust, je circa 150 g

Etwas Kartoffelvollmehl

150 g Freiburger Vacherin in Scheiben

50 g Reibkäse

1 EL Butter

1 Zwiebel fein gehackt

150 ml Gemüsebrühe

Circa 50 ml trockener Weißwein oder Gemüsebrühe

3 Tomaten, geschält, entkernt und in Würfel geschnitten

Salz und Pfeffer nach Belieben

Hühnchenbrust mit Sesam

Zutaten

4 Stück Hühnchen-
brust, je circa 150 g

4 EL Sesam

1 MSP Salz

Pfeffer nach Belieben

Sesam-Hollandaise

100 ml Weißwein

50 ml Aceto balsamico
bianco

1 Schalotte, fein
gehackt

5 weiße Pfefferkörner
zerdrückt

2 frische Eigelb

100 g Butter in Stücken

1 EL Sesamöl

¼ TL Salz

Etwas Pfeffer
aus der Mühle

1 Ofen auf 180 °C vorheizen. 4 EL Sesam in einen flachen Teller geben, eine Seite der Hühnerbrust in den Sesam drücken. Die Butter in der Pfanne erhitzen, Hitze reduzieren und das Hühnchenfleisch beidseitig kurz anbraten, mit Salz und frisch gemahlenem Pfeffer würzen, mit der Sesamkruste nach oben in eine Gratinschale legen und in der Mitte des Ofens circa 15–20 Minuten braten.

Sesam-Hollandaise

1 Weißwein, Aceto balsamico bianco, fein gehackte Schalotte und zerdrückte Pfefferkörner zusammen in einer Pfanne aufkochen, auf etwa 2 EL einkochen und in eine dünnwandige Schüssel absieben und abkühlen lassen. 2 frische Eigelb beigeben, mit dem Schwingbesen im heißen Wasserbad (knapp unter dem Siedpunkt) etwa 3 Minuten rühren, bis die Masse schaumig ist und sich Rührspuren abzeichnen.

2 Die Butter portionsweise in kleinen Stücken und 1 EL Sesamöl tropfenweise unter Rühren beigeben, weiterrühren, bis die Soße cremig ist. Die Schüssel herausnehmen, kurz weiterrühren und nach Belieben mit Salz und Pfeffer abschmecken.

Tipp

Sesam kann durch fein gehackte Pistazien, das Sesamöl durch Pistazienöl ersetzt werden.

Beilagentipp
Romanesco oder
Brokkoli und Blumen-
kohlgemüse
(→ Rezept Seite 166)

Ab dritter Woche

Hühnchen mit Basilikum-Soße

Zutaten

4 Stück Hühnchenbrust

125 g Mozzarella

200 g Sahne

100 g Schmelzkäse

250 g Cherry-Tomaten

1 Bund Basilikum

Kräuterbutter
   (→ Rezept Seite 146)

1 EL Öl zum Braten

Salz und Pfeffer nach
   Belieben

1 Backofen auf 200 °C vorheizen und die Auflaufform einfetten. Tomaten waschen und halbieren, Basilikumblätter abzupfen, waschen und fein hacken. Fleisch waschen, trockentupfen und mit Salz und Pfeffer würzen.
2 Öl in einer Pfanne erhitzen, das Fleisch von allen Seiten circa 5 Minuten kräftig darin anbraten. Die Sahne in einem kleinen Topf aufkochen, den Schmelzkäse hineinrühren und schmelzen lassen. Mit Salz und Pfeffer abschmecken und $2/3$ vom Basilikum unterrühren.
3 Fleisch und Tomaten in die gefettete Auflaufform geben und die Soße darübergießen.
4 Mozzarella in kleine Stückchen schneiden, auf dem Fleisch verteilen, 1 EL Kräuterbutter als dünne Flöckchen darauf verteilen und 20 Minuten überbacken. Vor dem Servieren mit dem restlichen Basilikum garnieren.

Beilagentipp

Am Mittag einen knackigen Salat dazu servieren.

Ab dritter Woche

Italienisches Ofen-Hühnchen

1 Den Ofen auf 180 °C vorheizen. Die Tomaten mit der Schnittfläche nach oben auf eine mit Backpapier ausgelegte Auflaufform setzen, mit Olivenöl beträufeln, salzen und pfeffern. Dann 10 Minuten im vorgeheizten Ofen backen.

2 Inzwischen das Hühnchenfleisch mit Pesto bestreichen, die Parmesanscheiben darauflegen, alles mit den Schinkenscheiben umwickeln, zu den Tomaten in die Auflaufform legen und 15–20 Minuten garen.

Variante

Kann heiß oder kalt serviert werden.

Beilagentipp
Grüner Blattsalat
(→ Rezept Seite 168)

Zutaten

6 Flaschentomaten, halbiert

3 TL Olivenöl

Etwas Salz

Schwarzer Pfeffer aus der Mühle

3 EL Basilikum-Pesto (→ Rezept Seite 148)

4 Stück Hühnchenbrust, je circa 150 g

8 Scheiben Parmesan

12 Scheiben Parmaschinken

Hühnchenbrust mit Rosmarinkartoffeln

Zutaten

800 g Kartoffeln,
   festkochend

2 Zweige frischen
   Rosmarin

4 Stück Hühnchen-
   brust, je etwa 150 g

1 große Zwiebel

4 Karotten

2 Zucchini

1 Stangensellerie

1 Zweig Thymian

1 Zweig Kerbel

Etwas Chilipulver,
   nach Belieben mild
   bis scharf

Salz und Pfeffer
   nach Belieben

1 Backofen auf 180 °C vorheizen. Rosmarinspitzen mit einer Schere abschneiden, Kartoffeln schälen, halbieren, in Spalten schneiden, mit einem Pinsel einölen, leicht salzen, auf ein Backblech geben und in der Mitte des Backofens 30–35 Minuten backen.

2 Inzwischen Gemüse in Stifte und Zwiebel längs in Scheiben schneiden, aus Thymian, Kerbel, Chilipulver, etwas Salz und Pfeffer sowie 1 EL Öl eine Marinade herstellen, mit dem Gemüse gut vermischen und etwas ruhen lassen.

3 Etwas Öl erhitzen, das Hühnchenfleisch ringsherum braun anbraten, in eine längliche Gratinschüssel mit Glasdeckel geben. Das marinierte Gemüse in der gleichen Pfanne circa 5 Minuten leicht anbraten, Gemüse auf dem Hühnchenfleisch verteilen und zudecken.

4 Kartoffeln zusammenschieben, die Gratinschüssel mit Fleisch und Gemüse neben die Kartoffeln auf das Blech stellen und mitbacken, bis die Kartoffeln nach etwa 15–20 Minuten gar sind.

Variante

Anstelle von Sellerie kann auch Aubergine, ab der dritten Woche auch Paprika verwendet werden.

Noch rassiger schmeckt es mit fein gehackten Chilischoten!

Fischgerichte

Fisch ist zwar sehr gesund, aber mit zunehmender Gewässer-
verschmutzung und Überfischung auch ein immer größer wer-
dendes Problem. Ich empfehle deshalb heute nicht mehr zwin-
gend Wildfisch, sondern Bio-Fisch aus kontrollierter Aquazucht.
Für die Versorgung der wertvollen Omega-3- und Omega-6-Fett-
säuren genügt es völlig, ein- bis zweimal pro Woche Fisch auf
den Tisch zu bringen. Im Bio-Fachhandel gibt es mittlerweile
gemischte Pflanzenöle, die auch Omega-3- und 6-Fettsäuren enthalten und dementsprechend deklariert sind. Wenn Sie diese in
der täglichen Küche einsetzen, wird Ihr Körper auch ohne Fisch
sehr gut versorgt.

Zitrone, Limette Die meisten Fischgerichte schmecken besser
mit Zitrone. Sie dürfen dennoch bereits in der Neutralisationsphase gegessen werden, da wenig Zitronenschale oder -saft im
Gesamtgericht nicht mehr ins Gewicht fällt.

Butter Ich persönlich mag Fisch lieber in Butter gebraten. Sie
darf aber nie zu dunkel werden. Auf höchster Stufe schmelzen
lassen, sobald sie geschmolzen ist, den Fisch beigeben und sofort auf mittlere Temperatur zurückstellen.

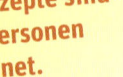

Alle Rezepte sind
für 4 Personen
berechnet.

Rezeptübersicht Fischgerichte	
■ Fischragout mit Wermutsoße	■ Rotzungenfilets auf Champignon-Karotten-Zucchini-Beet
■ Seelachs mit Kartoffelkruste	■ Lachs-Spinatrolle (ab dritter Woche)
■ Schnelle Thunfisch-Zucchinipfanne	■ Waadtländer Felchenfilets aux herbes
■ Fischfilet mit Basilikum und Spargelspitzen (ab dritter Woche)	■ Geräucherte Forelle mit Kartoffel-Blinis
■ Pangasius-Gemüse-Gratin	■ Fischfilet à la meunière
■ Felchenfilets in der Folie	■ Fischragout mit Gurken und Dill
■ Pangasius in der Folie (ab dritter Woche)	■ Lachsfilet mit Kressesoße

Fischragout mit Wermutsoße

1 Den Fisch in 2–3 cm große Würfel und den Schnittlauch in feine Röllchen schneiden. Butter zerlassen, Fischwürfel auf allen Seiten kurz andünsten, mit Weißwein ablöschen und zugedeckt 1 Minute ziehen lassen.

2 Fischwürfel aus der Pfanne nehmen, mit Salz und Pfeffer würzen. Wermut und Brühe in die Pfanne gießen, auf die Hälfte einkochen. Sahne zugeben und sämig einkochen.

3 Stück für Stück kalte Butter in die Soße einrühren, bis die Konsistenz stimmt und mit Salz und Pfeffer abschmecken. Fischwürfel und Schnittlauchröllchen in die Soße geben, vorsichtig erwärmen und nochmals 1 Minute ziehen lassen. Nicht mehr kochen!

Beilagentipp
Petersilienkartoffeln
(→ Rezept Seite 156)

Zutaten

800 g Seeteufelfilet oder Pangasius

50 g Butter zum Anbraten

150 ml Weißwein

200 ml Gemüsebrühe

2 EL Wermut (Noilly Prat)

200 g Sahne

Circa 30 g kalte Butter in Stückchen

1 Bund Schnittlauch

Salz und Pfeffer nach Belieben

Seelachs mit Kartoffelkruste

Zutaten

800 g Seelachsfilet

Etwas Muskatnuss

1 Spritzer Zitronensaft

4 Kartoffeln

2 Eier, gut verquirlt

2 EL Kartoffel- oder
Maismehl (keine
Stärke!)

2 EL Öl zum Ausbacken

Salz und Pfeffer nach
Belieben

1 Seelachsfilet mit Zitronen-saft beträufeln und mit Salz, Pfeffer und Muskat würzen.

2 Kartoffeln raspeln, die Flüssigkeit ein wenig herauspressen und leicht salzen. Die gewürzten Filets der Reihe nach in Mehl, Ei und Kartoffelraspeln wenden, dabei die Kartoffelraspel gut andrücken.

3 In einer Pfanne Öl erhitzen, die Temperatur zurückneh-men, die Filets langsam darin ausbacken und erst wenden, wenn die Kruste hellbraun ist.

Beilagentipp
Gurkensalat
(→ Rezept Seite 167)

Schnelle Thunfisch-Zucchini-Pfanne

1 Die Zucchini schälen, längs halbieren und in circa 2 cm große Stücke schneiden. Die Zwiebel schälen, fein hacken und im heißen Olivenöl in der Pfanne anschwitzen. Den Knoblauch schälen, durchpressen und kurz mitdünsten, die geschnittenen Zucchini dazugeben, unter Wenden schön anbräunen und mit Salz, Pfeffer und Paprika würzen.
2 Den zerpflückten Thunfisch mit dem Olivenöl zugeben und erwärmen. Den Frischkäse zugeben und vorsichtig darunter ziehen. Den in kleine Würfel geschnittenen Mozzarella darauf verteilen und leicht schmelzen lassen und alles vorsichtig miteinander vermischen.
3 Mit einem Schuss Balsamico und geschnittenen Basilikumblättern abschmecken.

Tipp

Als fettarme Variante kann auch Thunfisch im Salzwasser und fettarmer Frischkäse verwendet werden.

Beilagentipp
Bratkartoffeln
(→ Rezept Seite 158),
ab dritter Woche
passt auch Reis zur
fettarmen Variante.

Zutaten

2 Dosen Thunfisch in Öl
2 Stück (Kugeln)
    Mozzarella
1 große Zwiebel
2 mittelgroße Zucchini
3 EL Öl
4 EL Frischkäse
2 EL Balsamico
1 große Knoblauchzehe
Einige frische
    Basilikumblätter
1 MSP Paprika
Salz und Pfeffer und
    Pfeffer nach Belieben

Ab dritter Woche

Fischfilet mit Spargel und Basilikum

Zutaten

400 g Fischfilet
(z. B. Pangasius)

1 Bund frisches
Basilikum

2 EL Zitronensaft

5 EL Öl

40 g Pinienkerne

500 g weißen Spargel

500 g grünen Spargel

Etwas Gemüsebrühe

2 Lauchstangen

1 EL Butter

2 EL Öl

Salz und Pfeffer
nach Belieben

Beilagentipp
Salzkartoffeln
(→ Rezept Seite 156)

1 Den Ofen auf 180 °C vorheizen. Basilikum waschen, trockenschütteln und bis auf ein paar Blätter für die Dekoration in Streifen schneiden.

2 Einen flachen Teller mit dem Basilikum auslegen, die Fischfilets mit etwas Pfeffer würzen und darauflegen. Zitronensaft mit 5 EL Öl vermischen, über die Filets gießen und circa 1 Stunde im Kühlschrank marinieren.

3 Inzwischen den Spargel etwa 2 cm am Ende abschneiden bzw. so viel, dass alle etwa gleich lang sind. Den weißen Spargel schälen, den grünen nur im unteren Drittel schälen und beide in circa 5 cm lange Stücke schneiden.

4 Lauchstangen putzen, waschen und in feine Ringe schneiden. Spargel in Öl-Butter-Mischung anbraten, zuerst den grünen, diesen entnehmen und dann den weißen. Mit etwas Gemüsebrühe angießen, leicht salzen und circa 10–15 Minuten garen. Der Spargel soll noch Biss haben!

5 Etwa 5 Minuten vor Ende der Garzeit den grünen Spargel zugeben und zudecken. Mit den Lauchzwiebelringen bestreuen, Hitze reduzieren und auf kleinster Stufe warm halten.

6 Eine ofenfeste Form mit Öl einfetten, die Filets aus der Marinade nehmen, Basilikum und Marinade in ein Gefäß abstreifen, den Fisch leicht salzen und etwa 5 Minuten im Ofen garen. Marinade mit dem Basilikum auf den Filets verteilen und weitere 4–5 Minuten im Ofen garen.

7 Inzwischen die Pinienkerne ohne Fett in einer beschichteten Pfanne leicht anrösten, die Filets auf vorgewärmte Teller legen und mit den Pinienkernen bestreuen. Den gebratenen Spargel dazu anrichten und mit den übrigen Basilikumblättchen garnieren.

Pangasius-Gemüse-Gratin

Zutaten

4 Pangasius Fischfilets
700 g Kartoffeln
700 g Zucchini
3 Knoblauchzehen
2 EL Öl
1 Zweig Rosmarin
1 Zweig Thymian
1 EL Zitronensaft
4 EL Parmesankäse
Salz und Pfeffer
   nach Belieben

1 Den Backofen auf 190 °C vorheizen. Die Kartoffeln schälen, in kleine Würfel schneiden und im Öl unter Wenden goldbraun anbraten.
2 Inzwischen die Zucchini schälen, in Würfel schneiden, die Fischfilets mit Zitrone beträufeln, in eine Auflaufform geben und mit Salz und Pfeffer würzen. Die gebratenen Kartoffeln mit Salz und Pfeffer würzen, Rosmarinspitzen mit einer Schere abschneiden, Thymianblättchen abzupfen, mit den Kartoffeln vermischen und die gewürzten Kartoffeln über den Pangasiusfilets verteilen.

3 Die Zucchiniwürfel in die Pfanne geben, circa 5 Minuten anbraten, die Knoblauchzehen dazupressen und mit Salz und Pfeffer würzen, am Schluss den geriebenen Parmesan darüberstreuen. Im vorgeheizten Backofen auf der untersten Rille 35 Minuten garen, dann 5 Minuten auf Grillstufe den Käse braun werden lassen.

Variante

Ab dritter Woche: Mit den Zucchini 1 gelbe Paprika in kleinen Würfeln mitbraten, mit den Kartoffeln vermischen und vor dem Parmesan kleine Schafskäsewürfel und Cherrytomaten auf den Auflauf geben.

Beilagentipp
Als Vorspeise eine Gemüsebrühe mit Sherry.

Felchenfilets in der Folie

Zutaten

8 Felchenfilets oder
   Saibling, circa 400 g

60 g Kräuter-
   Frischkäse

50 g gekochte Krabben

400 g Fenchel

40 g Butter zum Braten

1 Zweig Dill, zerzupft

1 Limette, in dünnen
   Scheiben

2 Bratenbeutel

Salz und Pfeffer
   nach Belieben

1 Den Ofen auf 180 °C vorheizen. Die Filets auslegen, mit Kräuter-Frischkäse bestreichen, die Krabben darauf verteilen und mit den restlichen Filets bedecken.

2 Anschließend den Fenchel fein hobeln, in einer Pfanne die Butter erhitzen, den gehobelten Fenchel zugeben und leicht andämpfen. Mit Salz und Pfeffer den gedämpften Fenchel würzen.

3 Die 2 Bratenbeutel auf ein Blech legen, den Fenchel darin verteilen und die Filets darauflegen. Zum Schluss den zerzupften Dill mit den Limettenscheiben auf den Filets verteilen und nach Bedarf mit Salz und Pfeffer abschmecken.

4 Die Bratenbeutel gut verschließen und im vorgeheizten Ofen auf mittlerer Stufe für 10–15 Minuten garen.

Beilagentipp

Pell- oder Salzkartoffeln
(→ Rezept Salzkartoffeln Seite 156)

Rotzungenfilets auf Gemüsebeet

1 Backofen auf 200 °C vorheizen. 2 EL Öl, etwas Pfeffer und italienische Kräutermischung vermengen, die Fischfilets damit bestreichen und zugedeckt im Kühlschrank marinieren.
2 Karotten und Zucchini schälen, längs halbieren und in circa 3 mm dünne Scheiben schneiden. Champignons putzen und je nach Größe halbieren oder vierteln. Karotten in leicht gesalzenem Wasser 10 Minuten vorgaren, mit Champignons, Zucchini und mit 3 EL Öl in einer Schüssel mischen, würzen, in eine feuerfeste, breite Form verteilen, Gemüsebrühe dazugeben und 20 Minuten in der Mitte des Backofens backen.
3 10 Minuten vor Backende die Fischfilets mit Haushaltspapier trockentupfen, salzen, auf das Gemüse legen und circa 5 Minuten mitgaren.

Variante
Ein paar Zuckererbsen mitdünsten.

Zutaten
600 g Rotzungenfilets
    ohne Haut
    (tiefgekühlt)
2 EL Öl
1 TL Zitronensaft
Etwas Pfeffer,
    italienische Kräuter-
    mischung
200 g Champignons
2 Karotten mittelgroß
250 g Zucchini
100 ml Gemüsebrühe
3 EL Öl
Etwas Salz und Pfeffer
    nach Belieben

Lachs-Spinatrolle

Ab dritter Woche

Zutaten

2 Eier

250 g Spinat, frisch oder tiefgekühlt

250 g Käse, gerieben, je nach Geschmack mild bis rezent

200 g Kräuterfrischkäse

200 g Räucherlachs

Salz und Pfeffer nach Belieben

1 Backofen auf 180 °C vorheizen. Die Eier verquirlen, mit dem Spinat gut vermengen und mit Salz und Pfeffer würzen.

2 Ein Backblech mit Backpapier ausgelegen und die Ei-Spinat-Masse daraufgeben. Den geriebenen Käse nach Wahl darübergeben und bei 180 °C Ober- und Unterhitze 20 Minuten backen. Danach die Masse circa 20 Minuten gut auskühlen lassen.

3 Den Kräuterfrischkäse auf die fest gewordene Masse streichen. Den Räucherlachs in dünnen Scheiben flächendeckend auf dem Frischkäse verteilen, daraus vorsichtig eine Rolle formen, diese in Alufolie einpacken, in den Kühlschrank legen und mindestens 1 Stunde (oder bis zu 8 Stunden, je länger, desto besser schmeckt sie) darin belassen.

Beilagentipp

Passt wunderbar zu grünen Blattsalaten oder zum Kartoffelbrot (→ Rezept Basenbrot Seite 154)

Waadtländer Fischfilets aux herbes

1 Ofen auf 60 °C vorheizen, Platte und Teller warm stellen. Schalotte und Kerbel fein hacken und Dill und Estragon fein schneiden.

2 Öl in einer weiten Pfanne erhitzen, Schalotte andämpfen, Kräuter mitdämpfen, Wein und Fond dazugeben, alles aufkochen und die Hitze reduzieren.

3 Fische mit Öl bestreichen, mit Salz und Cayennepfeffer würzen, in die Pfanne legen und bei kleiner Hitze, je nach Größe, 3–5 Minuten ziehen lassen. Fische auf der vorgewärmten Platte warm stellen.

Soße

1 Sahne zu den Kräutern geben, aufkochen, Hitze reduzieren. Flüssigkeit unter Rühren auf etwa die Hälfte einkochen und mit Salz und Pfeffer abschmecken.

2 Fische mit der Soße auf den vorgewärmten Tellern anrichten.

Beilagentipp
Brokkoli und Butterkartoffeln oder Wirsinggemüse
(→ Rezepte Seiten 158, 163)

Zutaten
600 g Fischfilet
  ohne Haut
1 EL Öl
1 Schalotte
1 Bund Kerbel, fein
$1/2$ Bund Dill
2 Zweige Estragon
100 ml Weißwein
100 ml Gemüsebrühe
$1/2$ EL Rapsöl
$1/2$ TL Salz
Circa 100 ml Sahne
1 MSP Cayennepfeffer
Salz und Pfeffer
  nach Belieben

Geräucherte Forelle mit Kartoffel-Blinis

Zutaten

2 EL Kartoffelmehl

50 g Sahne

2 Eier, verquirlt

Circa 1 TL Salz

Etwas Pfeffer

Etwas Muskatnuss

750 g mehlige
    Kartoffeln

2 EL Öl zum Braten

1 rote Zwiebel, in feine
    Ringe geschnitten

4 geräucherte
    Forellenfilets

Meerrettich-Mousse

1 Ofen auf 60 °C erwärmen und Platte und Teller vorwärmen. Kartoffeln schälen, mit der Röstiraffel reiben, von Hand etwas ausdrücken, Kartoffelmehl mit etwas kaltem Wasser glatt rühren, mit Sahne, Eiern und Gewürzen vermischen und sofort mit einer Gabel mit den geriebenen Kartoffeln gut vermischen.

2 Etwas Öl in einer Bratpfanne erhitzen, esslöffelgroße Portionen der Kartoffelmasse hineingeben, mit einer Gabel etwas flach drücken und beidseitig je circa 5 Minuten goldbraun braten.

3 Forellenfilet und Blinis auf vorgewärmten Tellern verteilen, je 1 EL Meerrettich-Mousse dazu anrichten und mit Schalottenringen garnieren.

Beilagentipp
Grüner Mischsalat
(→ Rezept Seite 136)

Fischfilet à la meunière

1 Backofen auf 70 °C vorheizen. Fischfilets mit Salz und Pfeffer würzen, Mehl in einen Teller geben, die Filets darin wenden und überschüssiges Mehl abschütteln.
2 Petersilie hacken. Etwas Butter in einer Bratpfanne schmelzen und die Fischfilets bei mittlerer Hitze mit der Haut nach oben darin etwa 1 Minute anbraten, wenden und wenige Sekunden auf der Hautseite weiterbraten.
3 Fischfilets aus der Pfanne nehmen und im Ofen warm halten. Bratpfanne mit Haushaltspapier reinigen. Restliche Butter in die Pfanne geben und bei mittlerer Hitze leicht braun werden lassen.
4 Weißwein und Zitronensaft zur braunen Butter geben, Petersilie beigeben und mit Salz abschmecken. Fischfilets auf vorgewärmten Tellern mit der Buttersoße servieren.

Beilagentipp
Grüner Salat und
Petersilienkartoffeln
(→ Rezepte Seite 168 und 156)

Zutaten
800 g Eglifilets oder
    Flussbarsch mit Haut
3 EL Kartoffelmehl
    (keine Stärke!)
$1/2$ Bund Petersilie
150 g Butter
50 ml Weißwein (oder
    Gemüsebouillon)
4 EL Zitronensaft
Salz und Pfeffer
    nach Belieben

Fischragout mit Gurken und Dill

Zutaten

600 g Pangasiusfilet
   ohne Haut

1 Salatgurke

2 EL Öl

1 Bund Dill

Etwas Pfeffer aus
   der Mühle

400 ml Gemüsebrühe

100 ml Noilly Prat
   oder Gemüsebrühe

180 g Sahne

Salz und Pfeffer
   nach Belieben

1 Backofen auf 100 °C vorheizen. Fischfilets längs halbieren, in circa 4 cm große Stücke schneiden, Gurke schälen, halbieren, Kerngehäuse entfernen und in etwa 2 cm große Stücke schneiden.

2 Öl in beschichteter Pfanne erwärmen, die Fischstücke bei mittlerer Hitze beidseitig jeweils etwa $\frac{1}{2}$ Minute anbraten. Gurke beigeben und circa 2 Minuten mitbraten, mit Salz und Pfeffer würzen, herausnehmen und warm stellen.

Soße

1 Die Gemüsebrühe in die gleiche Pfanne gießen, aufkochen und auf etwa die Hälfte einkochen. Dill fein schneiden, mit Sahne und Noilly Prat (oder Gemüsebrühe) zum Fond geben und aufkochen.

2 Fisch und Gurke beigeben, nur heiß werden lassen und mit Salz und Pfeffer abschmecken.

Beilagentipp

Salzkartoffeln
(→ Rezept Seite 156)

Lachsfilet mit Kressesoße

1 Backofen auf 100 °C vorheizen. Lachsfilet mit Zitronensaft beträufeln, würzen, in der Butter jede Seite je nach Dicke 2–4 Minuten braten, herausnehmen und im Ofen warm halten.

2 Gemüsebrühe und Sahne in die gleiche Pfanne geben, gut umrühren, aufkochen und etwas reduzieren lassen. Butter stückweise unter Rühren beigeben. Kresse und Petersilie zur Soße geben und mit Salz, Pfeffer und Paprika abschmecken.

3 Soße über die Fischfilets anrichten und mit etwas Kresse garnieren.

Tipp

Statt 300 ml Bouillon kann davon auch 100 ml durch Weißwein ersetzt werden.

Beilagentipp
Kartoffelgratin
(→ Rezept Seite 160)

Langsamer Abbau/Erhaltungsphase: Reis als Beilage, vorher grüner Salat.

Zutaten

600 g frisches Lachsfilet

2 EL Zitronensaft

2 EL Butter

300 ml Gemüsebrühe

200 g Sahne

40 g Butter, kalt

50 g gehackte Kresse

2 EL gehackte Petersilie

Wenig Kresse zum Garnieren

1 MSP Paprika, mild bis scharf

Salz und Pfeffer nach Belieben

Vegetarische Gerichte

Vegetarisch essen heißt bei uns im herkömmlichen Sinn, nichts vom lebenden Tier essen, wohl aber Eier und Milchprodukte. Noch strenger leben Veganer, sie essen in letzter Konsequenz gar keine tierischen Produkte, weil ja für die Eier- und Milchprodukte lebende Tiere notwendig sind und auch diese letztendlich getötet werden, wenn sie »verbraucht« sind.

Ich verstehe und bewundere die Haltung dieser Menschen, ordne mich selbst beim lockeren Vegetarier ein und kaufe alle tierischen Produkte nur in Bio- oder Demeter-Qualität.

Unbestritten ist, dass Vegetarier die gesündesten Menschen sind und am längsten leben!

Mit den nachfolgenden Rezepten wird es Ihnen nicht schwerfallen, öfter mal auf Fleisch und Fisch zu verzichten. Ich wünsche Ihnen viel Freude und Genuss beim Kochen und beim Genießen!

Beilagen

Bei Gerichten mit mehreren Gemüsesorten ist keine Salatbeilage empfohlen, damit es nicht zu viel des Guten wird. Passend ist immer eine klare Gemüsebouillon als Vorspeise.

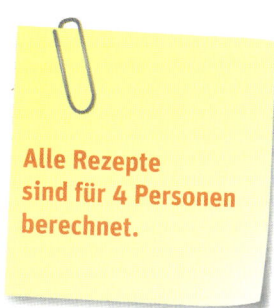

Alle Rezepte sind für 4 Personen berechnet.

Rezeptübersicht vegetarische Gerichte

- Auberginentaler im Käsemantel
- Maronen-Gratin mit Gruyère
- Gebackene Zucchinischeiben mit Mozzarella (ab dritter Woche)
- Champignon-Gratin mit Soja
- Mediterraner Kartoffelstampf (ab dritter Woche)
- Süßkartoffel-Curry mit Ananas (ab dritter Woche)
- Auberginenschnitzel mit Fenchel-Gratin
- Gefüllte Champignons

- Omelett-Gemüse-Auflauf
- Grill-Gemüse-Päckchen mit Feta (ab dritter Woche)
- Panierte Feta-Scheiben
- Pilzragout mit Rösti
- Schnelle Gemüseburger
- Käseraclette im Ofen
- Steinpilz-Carpaccio
- Pellkartoffeln mit Käse (klassisches Schweizer Abendessen)

Auberginentaler im Käsemantel

Zutaten

- 500 g Auberginen
- 100 g geriebene Mandeln
- 150 g geriebener Gruyère oder eine andere kräftige Sorte
- 4 Eier
- 200 ml Weißwein oder kalte Gemüsebrühe
- Etwas geriebene Muskatnuss
- Salz und Pfeffer nach Belieben
- Öl zum Frittieren

1 Für den Teig Mandeln und Gruyère mischen, Eier mit dem Wein oder kalter Gemüsebrühe verrühren, dazugießen, glatt rühren, würzen und zugedeckt etwa 30 Minuten stehen lassen.

2 Auberginen in circa 1 cm dicke Scheiben schneiden, salzen, kurz ziehen lassen und trockentupfen.

3 Eine Bratpfanne circa 2 cm mit Öl füllen, erhitzen, dann die Hitze reduzieren. Auberginen portionsweise durch den Teig ziehen und beidseitig bei mittlerer Hitze jeweils etwa 3 Minuten halbschwimmend backen. Auberginen mit Schaumkelle herausnehmen, auf Haushaltspapier abtropfen und anrichten.

Beilagentipp
Am Mittag einen gemischten Blattsalat.

Maronen-Gratin mit Gruyère

1 Backofen auf 200 °C vorheizen. Rosenkohl putzen, in 2 EL Butter und etwas Wasser circa 5 Minuten andämpfen.
2 Pilze putzen, klein schneiden, zum Rosenkohl geben und weitere 5 Minuten gar dämpfen. Maronen zugeben, mit Salz, Pfeffer und Muskatnuss würzen und in eine Gratinform füllen. Salbeiblätter grob hacken.
3 Übrige Butter schmelzen, Kartoffelmehl mit einem Teesieb darüber stäuben, mit der Gemüsebrühe ablöschen und Sahne einrühren. Nun die Hälfte des Käses darin schmelzen, Salbei unterrühren, die ganze Mischung über die Zutaten in der Gratinform gießen und den übrigen Käse darüberstreuen.
4 Maroni-Rosenkohl-Gratin etwa 20 Minuten überbacken.

Tipp
Das Gericht kann mit jeder Kohlart zubereitet werden.

Beilagentipp, ab dritter Woche
Am Mittag mit einem Salat servieren
(→ Rezept Seite 168)

Zutaten
500 g Maronen
  geschält, gekocht
500 g Rosenkohl
4 EL Butter
250 g frische Pilze
Geriebene Muskatnuss
1 EL Kartoffelmehl
300 g Sahne
100 ml Gemüsebrühe
250 g geriebener
  Gruyère oder eine
  andere kräftige Sorte
3–4 Salbeiblätter
Salz und Pfeffer
  nach Belieben

Ab dritter Woche

Gebackene Zucchini mit Mozzarella

Beilagentipp
Gurkensalat
(→ Rezept Seite 167)

Zutaten

2 Eier

8 EL helles Bier (oder
    Gemüsebrühe)

2 EL Öl zum Braten

3 EL Kartoffelmehl

750 g Tomaten

2 EL Minze, gehackt

2 EL Basilikum, gehackt

2 große Zucchini,
    circa 500 g

200 g Mozzarella

2 EL Basilikum (Pesto)

Salz und Pfeffer
    nach Belieben

1 Die Eier trennen. Kartoffelmehl mit etwas Bier glatt rühren, mit dem Eigelb, dem restlichen Bier und 1 EL Öl gut vermischen und 30 Minuten quellen lassen.
2 Tomaten häuten*, entkernen, fein würfeln, mit 2 EL Öl und Kräutern vermischen und mit Salz und Pfeffer abschmecken. Die Zucchini schälen, in 32 Scheiben schneiden und salzen und pfeffern.
3 Mozzarella in 8 Scheiben schneiden, halbieren und mit Pesto bestreichen.

16 Zucchinischeiben mit dem Mozzarella belegen und die restlichen Zucchinischeiben darauflegen.
4 Eiweiß mit einer Prise Salz steif schlagen und unter den Teig heben. Etwas Öl erhitzen, Zucchini-*Sandwiches* durch den Teig ziehen, im Öl von jeder Seite etwa 4 Minuten braten und mit den gehackten Tomaten anrichten.

* Klappt am besten, wenn die Tomaten kurz in siedendes Wasser gegeben werden!

Champignon-Gratin mit Soja

1 Den Backofen auf 200 °C vorheizen und die Gratin-schüssel ausbuttern. Soja-Geschnetzeltes knapp bedeckt in Gemüsebrühe etwa 1 Stunde – besser über Nacht – quellen lassen und gut ausdrücken.

2 Die Champignons putzen, in Scheiben schneiden und gut trockentupfen. Zwei EL Butter erhitzen, Pilze und ge-hackten Knoblauch circa 5 Minuten anschmoren, mit etwas Gemüsebrühe würzen und an-schließend Sojasoße, Pfeffer und Zitronensaft dazugeben.

3 Das gequollene Soja-geschnetzelte mit ⅔ des geriebenen Käses unter die Pilzmasse heben. Alles in die gebutterte Gratinschüssel füllen und mit dem rest-lichen Käse bestreuen.

4 Zum Schluss das Ganze mit Weißwein beträufeln und bei 200 °C etwa 10–12 Minuten überbacken, bis der Käse goldgelb ist.

Beilagentipp
Saisonsalat
(→ Rezept Seite 168)

Zutaten

600 g Champignons
40 g Butter zum Braten
2 EL Sojasoße
200 g Gouda, gerieben
2 Knoblauchzehen
Circa 200 ml
   Gemüsebrühe
1 TL Zitronensaft
50 g Soja, geschnetzelt
3 EL trockener Wein
Pfeffer nach Belieben

Mediterraner Kartoffelstampf

Ab dritter Woche

Beilagentipp
Ein feiner Kopfsalat
(→ Rezept Seite 168)

Zutaten

1 kg Kartoffeln, festkochend

2 Zwiebeln

2 Zehen Knoblauch

1 Bund Petersilie

100 g getrocknete Tomaten in Öl eingelegt

50 g Pinienkerne

100 ml Olivenöl

1 Spritzer Zitronensaft nach Belieben

Salz und Pfeffer nach Belieben

1 Die Kartoffeln schälen, waschen und circa 40 Minuten dämpfen, bis sie gar sind. Zwiebeln schälen und fein würfeln. Den Knoblauch schälen und in dünne Scheiben schneiden. Basilikum waschen, Blätter abzupfen und grob hacken. Die Tomaten fein hacken.

2 Die Pinienkerne in einer beschichteten Pfanne trocken hellbraun anrösten, herausnehmen und beiseite stellen. In der gleichen Pfanne 2 EL Olivenöl erhitzen, zuerst die Zwiebeln glasig dünsten, den Knoblauch dazugeben, kurz mitdünsten, dann das restliche Öl hinzufügen und auf kleinster Hitze warm halten.

3 Die Kartoffeln abgießen, Zwiebel-Knoblauch-Öl darübergeben und mit einer Gabel oder einem Kartoffelstampfer grob stampfen. Mit Pinienkernen, Tomaten und Basilikum vermischen, mit Salz, Pfeffer und nach Belieben etwas Zitronensaft abschmecken.

Süßkartoffel-Curry mit Ananas

Ab dritter Woche

1 Süßkartoffeln, Karotten und Zucchini schälen und in gleich große Würfel – 2 mal 2 cm – schneiden. Die Zwiebel schälen und fein würfeln. Ananas schälen, die harte Mitte entfernen, in grobe Würfel schneiden und ohne Fett in einer Pfanne goldbraun anbraten, leicht pfeffern und herausnehmen.
2 Etwas Öl in der gleichen Pfanne erhitzen, die Zwiebel kurz andünsten, Süßkartoffeln und Karotten beigeben, unter Rühren etwa 2 Minuten andünsten, die Zucchini zugeben, kurz mitdünsten und mit Salz und Pfeffer würzen. Die Sahne dazugießen und alles etwa 10 Minuten köcheln.
3 Inzwischen die Mandelblättchen ohne Fett bei mittlerer Temperatur hellbraun anbraten.
4 Am Schluss die gebratenen Ananaswürfel in die Pfanne geben, vom Herd nehmen und 2 Minuten durchziehen lassen. Auf Tellern anrichten und mit den Mandelblättchen bestreuen.

Zutaten
700 g Süßkartoffeln
1 Baby-Ananas
1 Zwiebel
2 Karotten
2 kleine Zucchini
200 g Sahne
Circa 20 g Mandelblättchen
2 EL Öl zum Braten
1–2 TL Currypulver
Salz und Pfeffer nach Belieben

Auberginenschnitzel mit Fenchel-Gratin

Zutaten

2 Auberginen

Für die Panade

2 Eier

4 EL geriebene
  Mandeln

1 EL Petersilie,
  fein gehackt

1 EL geriebener
  Parmesan

700 g Fenchel

1 Schalotte, fein
  gehackt

1 Knoblauchzehe,
  fein gehackt

40 g Butter zum
  Andünsten

100 g geriebener
  Bergkäse

150 g Sahne

Etwas Fenchelkraut
  zum Garnieren

Salz und Pfeffer
  nach Belieben

1 Ofen auf 200 °C vorheizen und Gratinform ausbuttern. Fenchel waschen, putzen und im Dampf knapp weich garen, vierteln und in die ausgebutterte Gratinform geben, salzen und pfeffern. Schalotten und eine Knoblauchzehe in Butter andünsten und über den Fenchel geben.

2 Käse und Sahne vermischen und über dem Gemüse verteilen. In der Mitte des Ofens circa 20 Minuten gratinieren und anschließend das klein geschnittene Fenchelkraut darüberstreuen.

3 Inzwischen die Auberginen waschen, schälen, die Enden entfernen und den Rest in circa 1,5 cm dicke Scheiben schneiden. Das Öl in der Pfanne erhitzen.

4 Das Ei in einem flachen Teller verquirlen und mit Salz und Pfeffer würzen. Die geriebenen Mandeln mit dem anderen Knoblauch, Petersilie und Parmesan in einem flachen Teller gut vermischen.

5 Anschließend die Auberginenscheiben zuerst im verquirlten Ei, anschließend in der Mandelmischung wenden, in die heiße Pfanne geben, Temperatur auf mittlere Hitze zurückdrehen und von beiden Seiten so lange anbraten, bis die Scheiben braun sind.

Variante

Ab dritter Woche den Schalotten und dem Knoblauch nach dem Anbraten 500 g gekochte, geschälte, entkernte und gewürfelte Tomaten beigeben, salzen, kurz weiterdünsten, alles über den Fenchel geben und dann wie oben weiterfahren.

Gefüllte Champignons

Beilagentipp
Grüner Mischsalat
(→ Rezept Seite 136)

Zutaten
20 große Champignons
1 Zwiebel
2 Knoblauchzehen
1 Bund Petersilie
200 g Reibkäse
1 EL Butter
6 EL Mascarpone
Salz und Pfeffer
   nach Belieben

1 Backofen auf 200 °C vorheizen und die Auflaufform mit etwas Öl einfetten. Champignons putzen, die Stiele abknicken und fein hacken. Zwiebel fein hacken, Knoblauch durchpressen und die Petersilie grob hacken.
2 Die Butter in einer Bratpfanne schmelzen, Zwiebeln darin glasig dünsten, den Knoblauch dazugeben, die Hitze reduzieren und unter rühren circa 1 Minute weiterdünsten. Gehackte Pilzstiele dazugeben, nochmals etwa

1 Minute weiterdünsten, dann abkühlen lassen und die Petersilie daruntermischen.
3 Mascarpone und die Hälfte des Reibkäses mit der Pilzmasse verrühren und mit Salz und Pfeffer würzen. Die Champignonköpfe außen leicht salzen und mit der Oberseite nach unten in die Auflaufform stellen. Mit einem Teelöffel die Masse in die Köpfe füllen, mit dem restlichen Käse bestreuen und etwa 10–15 Minuten überbacken.

Omelett-Gemüse-Auflauf

1 Backofen auf 180 °C vorheizen und eine ofenfeste Form ganz mit Backofenpapier auslegen. Schwarzwurzeln schälen und in circa 5 mm dicke Scheiben schneiden. Karotten schälen und in etwa 3 cm lange Stängel schneiden. Brokkoli waschen, putzen und in Röschen teilen.

2 Ein Dampfkörbchen in eine weite Pfanne stellen, Wasser bis an den unteren Rand des Körbchens einfüllen, aufkochen, das Gemüse beigeben und salzen. Hitze reduzieren,

Gemüse zugedeckt bei mittlerer Hitze etwa 15 Minuten weich kochen, absieben und abkühlen lassen.

Omelettguss

1 Eier, Sahne und Senf in einer großen Schüssel gut verrühren, Schnittlauch dazu geben und mit Salz und Pfeffer würzen.

2 Das Gemüse sorgfältig daruntermischen, in die vorbereitete Form füllen und etwa 20 Minuten in der Mitte des Ofens backen.

Beilagentipp
Am Mittag Saisonsalat
(→ Rezept Seite 168),
am Abend als Vorspeise
Gemüsebrühe.

Zutaten

400 g Schwarzwurzeln

250 g Karotten

250 g Brokkoli, in kleinen Röschen

Salz und Pfeffer nach Belieben

4 Eier

300 g Sahne

1 TL Senf

1 Bund Schnittlauch, fein geschnitten

Ab dritter
Woche

Grill-Gemüse-Päckchen mit Feta

Beilagentipp
Hier passt eine
Kartoffelbeilage gut dazu
(→ Rezept Seite 156),
ab dritter Woche auch
Reis oder Nudeln.

Zutaten

2 mittelgroße Zucchini

1 kleine Aubergine

400 g Fetakäse

Circa 40 g Pinienkerne

8 getrocknete Tomaten
  in Öl

1 Zweig Thymian

2 EL Olivenöl

Salz und Pfeffer
  nach Belieben

1 Aubergine und Zucchini schälen, in Scheiben schneiden, mit etwas Salz bestreuen, etwa 10 Minuten ziehen lassen und dann mit Küchenkrepp abtupfen. Getrocknete Tomaten abtropfen lassen und in feine Würfel schneiden. Den Fetakäse in Scheiben schneiden, die Thymianblätter zupfen.

2 Pinienkerne ohne Fett in einer beschichteten Pfanne hellbraun rösten. In der gleichen Pfanne 2 EL Olivenöl erhitzen und die Auberginen- und Zucchinischeiben von beiden Seiten braun anbraten.

3 8 Stück Alufolie vorbereiten, die Auberginen- und Zucchinischeiben mit den Fetascheiben schuppenförmig darauflegen, Pinienkerne, Tomatenwürfel und Thymian darüber streuen und mit grobem Pfeffer abschmecken. Die Alufolie über dem Gemüse und an den Seiten gut verschließen, die Päckchen auf dem Grill etwa 6–8 Minuten garen.

Panierte Feta-Scheiben

1 Den Fetakäse in 8 gleich große Scheiben schneiden und halbieren (= 16 Stück). Das Mehl mit Paprikapulver und etwas frischem Pfeffer in einem flachen Teller vermischen. Die Eier in einem zweiten Teller gut verquirlen.

2 In einem dritten Teller die geriebenen Mandeln mit dem Parmesan vermischen. Die Fetascheiben zuerst in der Mehlmischung wenden, dann in den verquirlten Eiern, zum Schluss mit der Mandel-Parmesan-Mischung panieren und mindestens eine Stunde in den Kühlschrank stellen, danach in heißem Öl frittieren.

Beilagentipp

Schmeckt am besten mit einem knackigen Salatteller (→ Rezept Seite 168)!

Zutaten

300 g Fetakäse als Block

3 EL Kartoffel- oder Maismehl (keine Stärke!)

2 TL Paprikapulver

2 Eier

Circa 80 g geriebene Mandeln

Circa 50 g geriebener Parmesan

Etwas Pfeffer aus der Mühle

2 EL Öl

Pilzragout mit Rösti

Zutaten

800 g Champignons

2 Zwiebeln

1 Zweig Thymian

150 ml Gemüsebrühe

50 ml Weißwein

50 g Sahne

1 kg Kartoffeln, gekocht

Etwas gehackte
  Petersilie

10 g Butter

2 EL Öl zum Anbraten

Salz und Pfeffer
  nach Belieben

1 Pilze putzen, halbieren, dabei die großen vierteln. Die Zwiebeln schälen und fein hacken. Die Kartoffeln schälen.

2 2 EL Öl in einer Pfanne erhitzen und die Hälfte der gehackten Zwiebel darin anschwitzen. Hitze reduzieren und die Kartoffeln direkt mit der Röstiraffel in die Pfanne reiben.

3 Die geriebenen Kartoffeln etwas salzen, dann Kartoffeln und Zwiebeln gut miteinander vermischen und auf mittlerer Hitze auf einer Seite braun werden lassen (etwa 5–7 Minuten).

4 Inzwischen in einer zweiten Pfanne 1 EL Öl erhitzen, die andere Hälfte der gehackten Zwiebeln andünsten, die Pilze dazugeben, unter Wenden mitdünsten und mit dem Weißwein ablöschen. Die Gemüsebrühe und den Thymianzweig dazugeben und leicht köcheln lassen.

5 Inzwischen die Rösti mit einem Teller wenden, etwa 1 EL Öl in die Pfanne geben und die Rösti auf der anderen Seite braten. Die Pilze auf dem Herd auf kleinster Hitze weiterziehen lassen. Für knusprige Rösti diese wieder auf einen Teller geben, etwa 1 TL Butter heiß werden lassen, die Rösti zurück in die Pfanne geben und circa 3 Minuten auf mittlerer Hitze weiterbraten.

6 In der Zwischenzeit den Thymianzweig herausnehmen, die Sahne zu den Pilzen geben, nochmals aufkochen, mit Salz und Pfeffer abschmecken und den Herd auf die kleinste Hitze reduzieren. Die Rösti mit einem Teller wenden, wieder 1 TL Butter in die Pfanne geben und die zweite Seite der Rösti knusprig anbraten.

Beilagentipp
Am Mittag einen grünen Salat dazu servieren
(→ Rezept Seite 168).

Schneller Gemüseburger

Zutaten

400 g tiefgekühltes, geschnittenes Sommergemüse

1 kleine Zucchini

1 kleine Zwiebel

100 g geriebene Mandeln

2 Eier

200 g Kartoffeln, gekocht

1–2 Knoblauchzehen

$\frac{1}{2}$ Bund Petersilie

2 EL Öl

Salz und Pfeffer nach Belieben

1 Eine Pfanne mit Siebeinsatz mit etwas Wasser füllen, erhitzen, das Sommergemüse beigeben, salzen, zugedeckt etwa 10 Minuten gar dämpfen und dann abkühlen lassen.

2 Zucchini schälen und in kleine Würfel schneiden. Die Zwiebel schälen und fein hacken. Petersilie fein hacken, den Knoblauch durchpressen und die gekochten Kartoffeln mit einer Gabel zerdrücken.

3 Geriebene Mandeln, Kartoffeln, Zwiebeln, Petersilie, Knoblauch und Eier gut

miteinander vermischen, anschließend das Sommergemüse damit verkneten und mit Salz und Pfeffer abschmecken. Aus der Masse kleine, flache Burger formen und in heißem Öl von beiden Seiten goldbraun braten.

Beilagentipp

Schmeckt herrlich mit Knoblauchsoße und Bratkartoffeln (→ Rezept Seite 158).

Käseraclette im Ofen

1 Backofen (nur Grill) auf 250 °C vorheizen. Die Kartoffeln weich kochen, etwas abkühlen lassen und pellen.
2 Entweder pro Person eine kleine, flache Gratinschale oder eine große, rechteckige, flache Gratinschale mit in Öl getränktem Haushaltskreppp einölen.
3 Pro Person 2 Kartoffeln in feine Scheiben schneiden und ziegelartig in die Schalen verteilen, dass jede Kartoffel etwa die Länge und Breite der Käsescheiben hat, und mit Salz würzen. Pro geschnittene Kartoffel eine Scheibe Käse darüberlegen und mit Pfeffer und Paprika würzen.
4 Im Ofen auf der zweitobersten Rille überbacken, bis der Käse schmilzt und leicht braun ist. Nach Belieben mit Essiggurken zusammen servieren.

Beilagentipp
Am Mittag passt Kopfsalat dazu
(→ Rezept Seite 168).

Zutaten
8 mittelgroße Kartoffeln, festkochend
8 Scheiben Raclettekäse
1 EL Öl
Salz, Pfeffer, Paprika nach Belieben
2–3 kleine Essiggurken

Steinpilz-Carpaccio

Zutaten

400 g frische
  Steinpilze

50 g Parmesan
  gehobelt

2 EL Olivenöl

Etwas Zitronensaft

Salz und Pfeffer
  nach Belieben

1/4 Bund gehackte
  Petersilie

1 Die Steinpilze gut putzen, sehr dünn schneiden bzw. hobeln, auf 4 Teller fächerförmig anrichten und leicht salzen. Den gehobelten Parmesan über die Pilze verteilen, Pfeffer darüberstreuen sowie Olivenöl und Zitronensaft darüberträufeln.
2 Zum Schluss mit Petersilie bestreuen.

Beilagentipp

Hier passt Basenbrot (→ Rezept Seite 154) perfekt dazu, ab der dritten Woche kann es auch normales Brot sein.

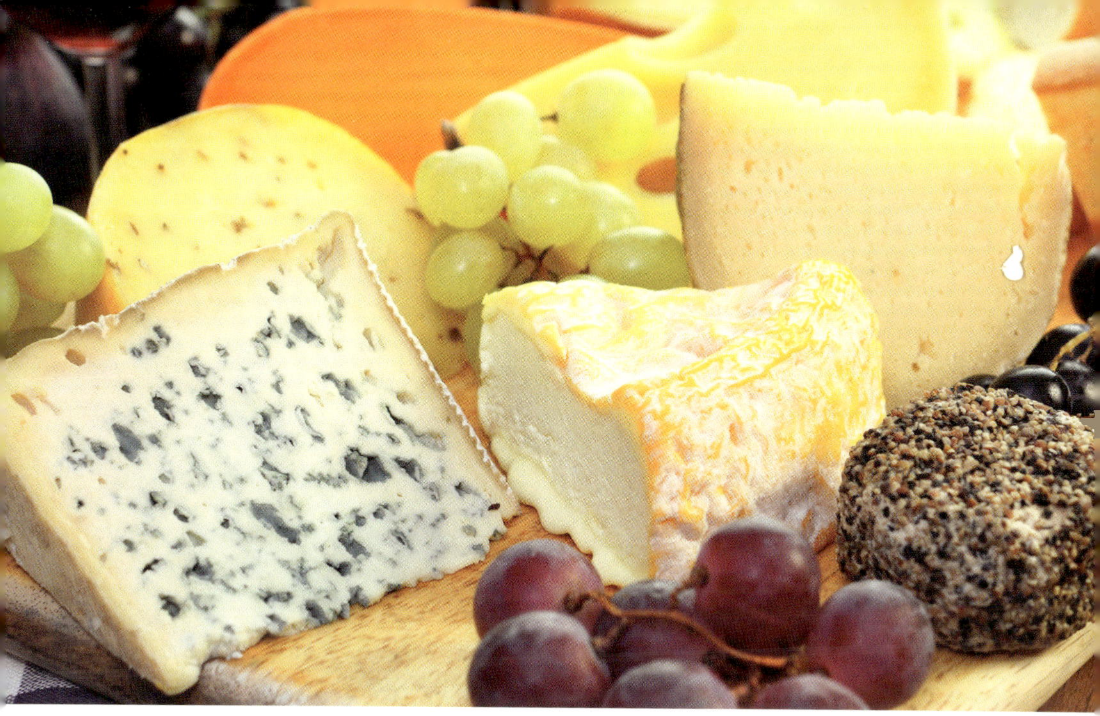

Pellkartoffeln mit Käse

1 Die Kartoffeln in etwa 30–40 Minuten gar kochen. Hartkäse in feine Scheiben, den Weichkäse in etwas breitere Stücke schneiden, auf einer flachen Platte anrichten und mit Früchten garnieren.

2 Alle anderen Beilagen in Dipschälchen anrichten und dazu Butter, Salz und Pfeffer reichen.

+ Klassisches Schweizer Abendessen

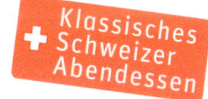

Zutaten

1,2 kg Kartoffeln, festkochend

600 g Käse, am besten 5 verschiedene Sorten (Hart-, Weich-, Kräuter- und Knoblauchfrischkäse)

40 g Butter

3–4 Essiggurken nach Belieben

Silberzwiebeln im Glas

Weintrauben und Senffrüchte

Birnen- und Apfelschnitze

Salz und Pfeffer nach Belieben

Suppen und Salate

Die Suppen- und Salat-Rezepte sind eigenständige Mahlzeiten, da unsere Verdauungsorgane mit Drei- und Vier-Gänge-Menüs ziemlich überlastet werden. Suppe, Salat, Fleisch, Beilage, Gemüse und Nachspeise sind einfach zu viel Durcheinander! Sie über den Tag als kleine oder größere Mahlzeiten zu verteilen ist gesünder und bekömmlicher. Der Blutzuckerspiegel normalisiert sich dabei, und die einzelnen Speisen können optimal verdaut werden. Salatkreationen eignen sich ideal in der wärmeren Jahreszeit als leichtes Mittagessen, Suppen am Abend als warme, sättigende Mahlzeit.

Wenn spät am Abend noch einmal der kleine Hunger kommt, können Sie einen Teller Suppe zu sich nehmen. Oft schmecken Suppen so richtig intensiv, wenn sie nochmals aufgewärmt wer-

den. Da Suppen und Salate nur wenige Kohlenhydrate enthalten, kann auch ab und zu ein Stück Brot dazu gegessen werden.
Der Vorteil bei Salat als Hauptspeise, damit nehmen Sie schnell
ab, da Salat in der Regel auch kalt ist. Der Körper verbraucht
Energie, um auf »Betriebstemperatur« zu kommen.

Suppen haben den großen Vorteil, dass sie aus rund 90 Prozent
Wasser bestehen. Viele Menschen haben ihr Durstgefühl verloren und führen sich dadurch oft zu wenig Wasser zu, was wiederum zum Problem führt, dass Stoffwechselabfälle und Säuren
nicht vollständig abtransportiert werden können bzw. die ganzen Stoffwechsel- und Verdauungsvorgänge nicht optimal ablau-
fen. Verschlackung und Übergewicht können die Folge sein.

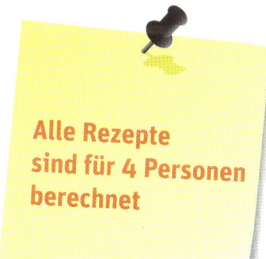

Alle Rezepte
sind für 4 Personen
berechnet

Rezeptübersicht Suppen und Salate

- Kürbiscremesüppchen
- Brokkolicremesuppe
- Kartoffelsuppe à la Jacky
- Sellerie-Sahne-Süppchen
- Pilzcremesuppe
- Karottensüppchen mit Avocado

- Lauwarmer Kartoffelsalat
- Tomaten-Melonensalat
  (ab dritter Woche)
- Mischsalat mit Pinienkernen
- Herbstsalat
- Krabbencocktail mit Avocado
- Endiviensalat mit Speck

Tipp
Hier passen Krabben
oder Lachs wunderbar
als Einlage dazu.

Zutaten

1 Hokkaido Kürbis

1 Zwiebel

20 g Butter

750 ml Gemüsebrühe

60 g Ingwer frisch

1 TL Currypulver

Frischer Chili nach
    Belieben

1 TL Kreuzkümmel

200 g Sahne oder
    200 ml Kokosmilch

1 TL Apfeldicksaft

$\frac{1}{2}$ TL Salz

Pfeffer nach Belieben

Kürbiscremesüppchen

1 Kürbis circa 10 Minuten bei 150 °C in den Ofen legen, dann lässt er sich kinderleicht schneiden. Den Kürbis abwaschen, eventuell schadhafte Stellen wegschneiden, zerteilen, die Kerne entfernen und den Rest in etwa 1,5–2 cm große Würfel schneiden.

2 Die Zwiebel schälen, würfeln, in etwas heißer Butter andünsten, die Kürbiswürfel dazugeben und etwa 750 ml Brühe aufgießen. Frischen Ingwer (gerieben oder klein geschnitten), etwa 1 TL Currypulver, 1 TL Cumin (Kreuzkümmel), frischen Pfeffer aus der Mühle, etwa $\frac{1}{2}$ TL Salz, frischen Chili, 1 TL Apfeldicksaft und je nach Geschmack etwas Kerbel beigeben.

3 Wenn die Kürbisschale nach etwa 15–20 Minuten weich ist, den Kürbis pürieren. Zum Schluss die Sahne oder die Kokosmilch beigeben und nicht mehr aufkochen.

Brokkolicremesuppe

1 Die Kartoffeln schälen und in kleine Stücke schneiden. Den Brokkoli waschen, putzen, den harten Strunk entfernen, in grobe Teile schneiden. Den Brokkoli und die Kartoffelstücke in der Brühe etwa 20 Minuten köcheln, bis alles weich ist.

2 Mit dem Pürierstab oder im Mixer pürieren, in den Topf zurückgeben und erneut erwärmen. Mit Salz und Pfeffer abschmecken, zum Verfeinern die Sahne unterrühren oder die Suppe mit der geschlagenen Sahne garnieren.

Zutaten

500 g Brokkoli
2 große Kartoffeln
1 l Gemüsebrühe
100 g Sahne
Salz und Pfeffer
    nach Belieben

Kartoffelsuppe à la Jacky

Zutaten

1 kg Kartoffeln,
  mehlig kochend

300 g Karotten

2 Zwiebeln

3 Knoblauchzehen

50 ml Weißwein (oder
  Gemüsebrühe)

1 l Gemüsebrühe

1 EL frischer Thymian

Cayennepfeffer
  nach Belieben

Salz und Pfeffer
  nach Belieben

50 g Reibkäse

2 EL Öl

1 Kartoffeln und Karotten schälen und in Würfel schneiden. Zwiebeln mit Öl andünsten, Thymian zugeben und mit andünsten.

2 Knoblauch durchpressen und kurz mit andünsten. Karotten und Kartoffeln zugeben, unter Umrühren kurz mit anschwitzen, mit Weißwein ablöschen, Gemüsebrühe dazugießen, bis alles fast bedeckt ist. Auf kleiner Flamme köcheln, bis die Zutaten (nach circa 20 Minuten) gar sind.

3 Wer gern Einlagen in der Suppe mag, kann einige Kartoffel- und Karottenstücke herausnehmen und am Schluss wieder beifügen. Mit dem Stabmixer alles cremig pürieren, mit Cayennepfeffer, Salz und Pfeffer abschmecken. Vor dem Servieren Reibkäse über die Suppe streuen.

Sellerie-Sahne-Süppchen

1 Sellerie und Kartoffeln schälen und klein würfeln. Die gehackte Zwiebel in zerlassener Butter glasig dünsten. Sellerie und Kartoffeln dazugeben und etwa 2 Minuten andünsten.
2 Die Gemüsebrühe angießen, alles circa 20 Minuten zugedeckt köcheln lassen und Sahne unterrühren.
3 Die Suppe fein pürieren und nochmals kurz aufkochen. Mit Salz, Pfeffer sowie Muskat abschmecken, zum Schluss den Sekt unterrühren und die Suppe zugedeckt warm halten.
4 Kerbel putzen, klein hacken und vor dem Servieren die Suppe damit bestreuen.

Zutaten

300 g Kartoffeln
600 g Knollensellerie
1 Zwiebel, fein gehackt
2 EL Butter
1 l Gemüsebrühe
250 g Sahne
1 Zweig Kerbel
100 ml Sekt
   nach Belieben

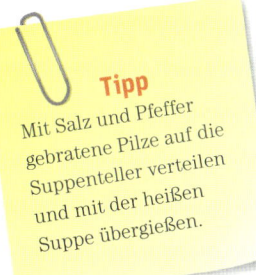

Tipp
Mit Salz und Pfeffer gebratene Pilze auf die Suppenteller verteilen und mit der heißen Suppe übergießen.

Pilzcremesuppe

Zutaten

500 g frische Pilze

1 große Zwiebel

1 Bund Petersilie

2 gekochte Kartoffeln

2 Eigelb

500 ml Gemüsebrühe

250 g Sahne

1 EL Butter

Salz und Pfeffer
nach Belieben

1 Pilze putzen, klein hacken und eine Handvoll beiseite legen. Die Zwiebel schälen und klein hacken. Kartoffeln klein hacken, Petersilie hacken und circa 1 EL beiseite stellen.

2 Die Zwiebel in der Butter anschwitzen, die Pilze und die Kartoffeln dazugeben, auf niedriger Temperatur etwa 5 Minuten unter Wenden dünsten, nicht bräunen, mit der Brühe auffüllen und vom Herd nehmen.

3 Eigelb, Sahne und Petersilie beifügen, alles mit dem Stabmixer verquirlen, bis die Suppe glatt ist. Die beiseite gestellten Pilze dazugeben, alles etwa 15 Minuten leise köcheln. Vor dem Servieren mit Petersilie garnieren.

Karottensüppchen mit Avocado

1 Zwiebel und Ingwer schälen und fein würfeln. Karotten schälen, längs halbieren, vierteln und in Stücke schneiden.

2 Die Butter schmelzen, Karotten darin kurz andünsten, den Apfeldicksaft beigeben und unter Wenden mit den Karotten vermischen. Zwiebeln und Ingwer dazugeben und mitdünsten. Mit Brühe angießen, aufkochen und alles etwa 20 Minuten köcheln lassen.

3 Inzwischen Avocado schälen, halbieren, den Stein entfernen, das Fruchtfleisch würfeln, die Korianderblätter hacken und mit den Avocadowürfeln vermischen. Mit Salz, Pfeffer und Zitronensaft abschmecken.

4 Die Suppe pürieren, die Schlagsahne unterrühren, mit Salz, Pfeffer und eventuell mit etwas Zitronensaft abschmecken. Die Karottensuppe mit den Avocadowürfelchen anrichten.

Zutaten

500 g Karotten
1 kleine Zwiebel
1 Avocado
10 g Ingwer
1 Bund
   Korianderblätter
1 EL Butter
2 TL Apfeldicksaft
650 ml Gemüsebrühe
100 g geschlagene
   Sahne
Etwas Zitronensaft
Salz und Pfeffer
   nach Belieben

Lauwarmer Kartoffelsalat

Zutaten

Etwa 1,3 kg Kartoffeln

1 große Zwiebel

200 ml Gemüsebrühe

2 EL Apfelessig

1 EL Senf,
  mild bis scharf

100 g Sahne

3 Essiggurken

2 gekochte Eier

1 EL Gurkenflüssigkeit

1/2 Bund Petersilie

Salz und Pfeffer
  nach Belieben

1 Die Kartoffeln in Salzwasser gar kochen, abgießen, abkühlen lassen, warm schälen und in dünne Scheiben schneiden.

2 Die Gemüsebrühe aufkochen, die fein gehackte Zwiebel etwa 3 Minuten darin kochen und den Essig dazugeben. Die Gemüsebrühe vom Herd nehmen und etwas abkühlen lassen.

3 Die Sahne mit dem Senf verrühren, in die Brühe-Zwiebel-Mischung geben, verrühren und nach Bedarf mit Salz und Pfeffer abschmecken. Gewürzgurken und Eier in kleine Würfel schneiden und dazugeben. Die fertige Masse über die Kartoffelscheiben geben, vorsichtig vermischen und etwa 1/2 Stunde ziehen lassen.

4 Petersilie fein hacken und vor dem Servieren unterziehen. Je nach Geschmack oder Jahreszeit kann man den Kartoffelsalat mit geschnittenen, eingelegten Tomaten, Olivenstückchen, Radieschenscheiben, Paprika, Gurken-, Käsestückchen oder frischen Kräutern variieren.

Tomaten-Melonen-Salat

Ab dritter Woche

1 Die Tomaten und die Honigmelone in mundgerechte Stücke schneiden. Den Schafskäse würfeln und die Frühlingszwiebeln in kleine Scheibchen schneiden.

2 Aus Birnendicksaft, Essig, Öl, Salz und Pfeffer ein Dressing herstellen und daruntermischen.

Zutaten

8 Zweigtomaten

1 mittelgroße Honigmelone

2 Frühlingszwiebeln

150 g Schafskäse

5 EL Öl

2 EL Balsamico, weiß

2 EL Birnendicksaft

Salz und Pfeffer nach Belieben

Tipp
Richtig reife und süße Melonen erkennt man am intensiven Geschmack.

Mischsalat mit Pinienkernen

Zutaten

100 g Rucola
100 g Lollo
100 g Feldsalat
50 g Basilikum
1 EL Balsamico, weiß
6 EL Öl
1 Knoblauchzehe
1 EL Apfeldicksaft
50 g Pinienkerne
50 g Parmesan
am Stück

1 Salate waschen und putzen, die Basilikumblätter in Querstreifen schneiden.
2 Balsamico, Öl und Apfeldicksaft mit einem kleinen Schneebesen gut verrühren, die Knoblauchzehe dazupressen und mit Salz und Pfeffer abschmecken.
3 Die Pinienkerne in einer Pfanne hellbraun rösten. Salate und Basilikum mit dem Dressing vermischen, auf Tellern anrichten, die Pinienkerne darüberstreuen und mit einem Sparschäler Parmesan darüber hobeln.

Variante
Schmeckt auch mit gebratenen Speckwürfelchen, garniert mit Tomatenspalten, sehr gut.

Herbstsalat

1 Salat waschen und in Stücke schneiden. Birne schälen, vierteln, Kerngehäuse entfernen, in kleine Spalten schneiden. Kürbis in mundgerechte Stücke und den Käse in kleine Stücke schneiden.

2 Apfelsaft und Birnendicksaft in einer Pfanne verrühren, warm werden lassen, Birnen darin schwenken, vermischen und herausnehmen. In der gleichen Pfanne Butter schmelzen, Kürbis anbraten, mit Brühe ablöschen und zugedeckt garen lassen.

3 Inzwischen die Walnüsse grob hacken und ohne Öl etwas rösten. Essig mit Senf, Salz und Pfeffer mit einem Schneebesen in einer Schüssel verquirlen. Beide Ölsorten langsam unter Schlagen zufügen.

4 Kürbis mit Muskat würzen und eventuell mit Salz und Pfeffer abschmecken. Salat auf Tellern anrichten, mit dem Dressing marinieren, den Käse zusammen mit Birne, Kürbis und Walnüssen darauf verteilen.

Zutaten
1 Kopf Eichblattsalat
1 reife Birne
1 TL Birnendicksaft
1 EL Apfelsaft
150 g Hokaidokürbis
1 EL Butter
Etwas Muskatnuss
100 ml Gemüsebrühe
10 Walnüsse
300 g Gorgonzolakäse
2 EL Weißweinessig
1 TL Senf
6 EL Traubenkernöl
1 EL Kürbiskernöl
Salz und Pfeffer
   nach Belieben

Krabbencocktail mit Avocado

Zutaten

2 reife Avocados

100 g Krabben,
geschält und gekocht

Etwas Zitronensaft

100 ml Cocktailsoße
(→ Rezept Seite 149)

Etwas Salz und
schwarzen Pfeffer

1 Avocados längs halbieren, Steine entfernen und die leeren Schalen beiseite legen. Mit einem Teelöffel das Avocadofleisch in kleinen Portionen abstechen, in eine Schüssel geben und mit etwas Salz und Pfeffer würzen.

2 Die Krabben in ein Sieb geben, heiß abspülen, mit Küchenpapier abtrocknen, zu den Avocados geben und einige Tropfen Zitronensaft darüber verteilen. Die Cock-

tailsoße dazugeben, alles gut mit einer Gabel vermischen, den Krabbencocktail in die Avocadoschalen verteilen und abschließend etwas schwarzen Pfeffer aus der Mühle darübergeben.

Variante

Anstelle von Avocado können Sie auch frische Brunnenkresse verwenden und den Salat in einem Cocktailglas servieren.

Feldsalat mit Speck

1 Den Salat gut waschen und putzen, Wurzelreste entfernen, größere Stücke längs halbieren. Die Zwiebel schälen und in feine Würfel schneiden.

2 Speckwürfel ohne Fettzugabe in einer Pfanne glasig braten, Zwiebelwürfel mitbraten, bis sie goldbraun sind.

3 Für die Salatsoße alle anderen Zutaten miteinander vermischen und abschmecken. Salat trockenschleudern, mit der Salatsoße vermischen und anschließend die Speck- und Zwiebelwürfel darübergeben.

Zutaten

300 g Feldsalat

1 kleine Zwiebel

150 g kleine Speckwürfel

1 EL Essig

4 EL Öl

Salz und Pfeffer nach Belieben

Variante
Schmeckt auch mit in feine Streifen geschnittenem Endiviensalat.

Mayonnaise, Ketchup und Co.

Wenn Sie und Ihre Kinder nur einmal diese selbst gemachten Köstlichkeiten probiert haben, werden Ihnen Industrieprodukte auch wie solche vorkommen und garantiert nicht mehr schmecken. Und Sie brauchen kein schlechtes Gewissen mehr zu haben, ungesunde und leere Dickmacher zu konsumieren! Tolerierbar ist vielleicht eine Bio-Mayonnaise, aber mit dem schnellen Mayo-Rezept gelingt sie Ihnen jedes Mal!

Verwenden Sie für alle Rezepte nur ganz frische Produkte aus Bio-Anbau. Diese sind preislich dennoch günstiger als normale Fertigprodukte. Es lohnt sich auch, sich einen Stabmixer anzuschaffen. Damit müssen Sie fein zu hackende Kräuter oder klein zu schneidende Zutaten nur grob zerkleinern; der Stabmixer erledigt dann die Feinarbeit. So sind Sie viel schneller fertig.

Da solche Frischprodukte meist nur ein paar Tage im Kühlschrank haltbar sind, sollten Sie immer gleich mit überlegen, wie der Wochenplan in etwa aussieht. Mit Mayonnaise und Ketchup kann man verschiedene Dips und Soßen zu ganz verschiedenen Gerichten zubereiten. Kräuterbutter und Pesto-Soßen kann man einfrieren. Kaufen Sie einfach ein paar Eiswürfelbehälter, füllen Sie Kräuterbutter oder Pesto ein, streichen Sie mit einem Messer den Überschuss ab, und fertig ist das Ganze fürs Gefrierfach! So haben Sie immer perfekte Portionen je nach Bedarf.

Wo Birnen- oder Apfeldicksaft anstelle von Zucker enthalten ist, muss aufpassen, wer abnehmen möchte. Diese Produkte sollte man eher am Mittag konsumieren bzw. nicht zu viel davon, denn sie zählen zu den konzentrierten Kohlenhydraten.

Hinweis
Nicht alle Rezepte sind nur für 4 Personen berechnet.
Alle Zubereitungen sind einige Tage im Kühlschrank haltbar.

Rezeptübersicht Mayonnaise, Ketchup und Co.

- Schnelle Mayonnaise
- Knoblauchdip
- Süßsaurer Knoblauchdip
- Tomatenketchup (ab dritter Woche)
- Tartar-Soße
- Island Dip (ab dritter Woche)
- Remoulade
- Kräuterbutter

- Basilikum-Pesto
- Mac-Hamburger-Soße (ab dritter Woche)
- Cocktailsoße (ab dritter Woche)
- Knoblauch-Paprika-Marinade
- BodyReset-Curry-Dip
- BodyReset-Italia-Dip

Schnelle Mayonnaise

Gelingt immer und ist sekunden- schnell gemacht!

Tipp

Kinder mögen Mayo lieber mit mildem Senf, Erwachsene können sie mit etwas scharfem Senf und schwarzem Pfeffer rassiger machen.

Zutaten

1 ganz frisches Ei
200 ml
   Sonnenblumenöl
1 Prise Salz
1 EL Senf,
   mild bis scharf
$^{1}/_{2}$–1 EL Zitronensaft
Schwarzer Pfeffer
   nach Belieben

1 Das Ei mit Öl, Salz und Senf in eine Schüssel geben und mit dem Stabmixer einige Sekunden verrühren, bis eine sahnige Masse entsteht. Je nach Geschmack mit etwas Zitronensaft und schwarzem Pfeffer abschmecken.

2 Wenn die Mayonnaise zu flüssig ist, noch etwas Öl dazugeben.

Varianten

Knoblauch-Dip

Einfach 3–4 Zehen geschälte Knoblauchzehen in die Mayonnaise (ohne Zitronen- saft und schwarzen Pfeffer) pressen, mit 1–2 EL Sahne verrühren und circa 30 Minuten ziehen lassen.

Süßsaurer Knoblauch-Dip

1 Wie Knoblauch-Dip, aber Ma- yonnaise mit Zitronensaft und schwarzem Pfeffer zubereiten.

2 Zusätzlich etwa 80 g Frischkäse, 1 EL Birnen- dicksaft und etwas gehackte Petersilie dazugeben und gut vermischen. 2–3 Stunden kühl ziehen lassen, probieren und eventuell mit etwas mehr Salz, Pfeffer, Dicksaft abschmecken.

Tomatenketchup

Ab dritter Woche

1 Apfelsaft in eine kleine Pfanne geben, Senf, Gemüsebrühepulver, Chili, Curry und wenig Salz und Pfeffer dazugeben, gut umrühren, heiß werden lassen und dann die Pfanne vom Herd nehmen.
2 Öl, Tomatenmark und 2 EL Apfeldicksaft dazugeben, mit einem kleinen Schwingbesen gut verrühren und probieren. Je nach Geschmack mehr Apfeldicksaft, Salz, Pfeffer, Chili oder Curry zugeben.

Tipp

Kinder lieben Ketchup eher mild mit mehr Apfeldicksaft. Sie können sich Ihre Portion nach Belieben vor dem Essen mit etwas mehr Tomatenmark, Chili und Pfeffer schärfer machen.

Zutaten

4 EL Tomatenmark, zweifach konzentriert
1 EL Senf, mild
50 ml Apfelsaft
1 TL Gemüsebrühe-pulver*
1 MSP Chilipulver
1 MSP Currypulver*
Salz und Pfeffer nach Belieben
2–3 EL Apfeldicksaft
1 TL Öl

* Wenn Sie die BodyReset-Gemüsebrühe und/oder die BodyReset-Curry-Mischung verwenden, nur etwa die Hälfte nehmen, da diese Produkte sehr würzintensiv sind.

Tartar-Soße

Zutaten

1 Essiggurke
1 Bund Schnittlauch
1 kleine Zwiebel
100 ml Mayonnaise
2 EL Sahne
Salz und Pfeffer
nach Belieben

1 Alle Zutaten fein hacken und mit Sahne und Mayonnaise gut vermischen.

2 $1/2$ Stunde ziehen lassen, probieren und eventuell mit etwas Salz und Pfeffer abschmecken.

Variante

Anstelle von Schnittlauch je 1 TL fein gehackte Kapern und Petersilie, 1 Knoblauchzehe durchgepresst, 1 TL Senf, 1 EL Zitronensaft und etwas Cayennepfeffer dazugeben.

*Tabasco enthält nur Essig, Chili, Salz und keine Zusatzstoffe!

Ab dritter Woche

Island-Dip

Zutaten

150 g Mayonnaise
100 g Ricotta
3 EL Tomatenketchup
2 EL Sahne
2 TL Zitronensaft
$1/4$ Paprika grün
$1/4$ Paprika rot
3 Cornichons
1 Ei, hart gekocht
$1/2$ Bund Petersilie
Einige Tropfen Tabasco
nach Belieben
Salz und Pfeffer
nach Belieben

1 Mayonnaise, Ricotta, Tomatenketchup und Sahne gut verrühren, mit Zitronensaft, Salz und Pfeffer würzen und für mehr Schärfe etwas Tabasco* beigeben. Paprika, Cornichons, Ei und Petersilie fein hacken und beifügen.

2 Mit dem Stabmixer einige Sekunden verrühren, etwa 30 Minuten ziehen lassen und eventuell nachwürzen.

Tipp

Dieser Dip passt zu Fisch, Fleisch, Hamburger, Garnelen und Folienkartoffeln. Mit etwas Öl und Essig verdünnt kann man eine Salatsoße herstellen.

Remoulade

1 Ei, Gurken, Petersilie, Dill, Zwiebel und Kapern fein hacken, mit der Mayonnaise verrühren und mit Salz, Pfeffer und etwas Gurkenflüssigkeit abschmecken.

2 Mit dem Stabmixer einige Sekunden verrühren.

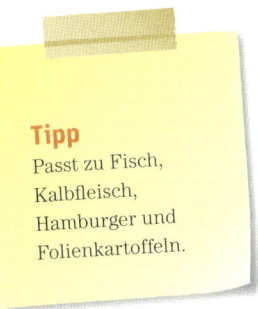

Tipp
Passt zu Fisch, Kalbfleisch, Hamburger und Folienkartoffeln.

Zutaten

300 ml Mayonnaise
1 Ei gekocht
2 kleine Essiggurken
$^1/_2$ Bund Petersilie
$^1/_2$ Bund Dill
1 kleine Zwiebel
1 EL Kapern
Salz und Pfeffer
  nach Belieben
Etwas
  Gurkenflüssigkeit

Kräuterbutter

Zutaten

200 g Butter

Frische Kräuter, fertig
gehackt*

Etwa in diesen Mengen

1 Bund Petersilie

1 EL Thymian,

1 EL Majoran

1/2–1 EL Salbei

1 EL Basilikum

1 EL Rosmarin

1/2–1 TL Curry**

1-2 Knoblauchzehen

1 TL Senf, mild bis
scharf

100 g Sahne

Circa 1 TL Salz**

Pfeffer aus der Mühle

1/2–1 TL Liebstöckel
nach Belieben

1/2–1 TL Estragon
nach Belieben

1 Zitrone

1 TL Zitronensaft
nach Belieben

1 EL Cognac
nach Belieben

1 Die Butter bei Zimmertemperatur weich werden lassen. Den Senf, die Hälfte Currypulver, die Hälfte Salz und wenig Pfeffer mit der Sahne gut verrühren und mit einer Gabel mit der weichen Butter vermischen. Alle fein gehackten Kräuter dazugeben.

2 Eine Knoblauchzehe schälen und dazupressen. Mit dem Stabmixer einige Sekunden verrühren, 10 Minuten stehen lassen, probieren!

3 Jetzt je nach persönlichem Geschmack mehr Senf, Curry, Knoblauch, Salz, Pfeffer, etwas Zitronensaft oder abgeriebene Zitronenschale und/ oder Cognac dazugeben,

eventuell noch weitere gehackte Kräuter wie Liebstöckel und Estragon zufügen.

Tipp

Wenn Sie diese Kräuterbutter zum ersten Mal zubereiten, sollten Sie nach jeder zusätzlichen Zutat nach den Basiszutaten immer wieder probieren, bis der Geschmack für Sie stimmt!

Variante

Der Basismischung Kräuterbutter (mit Pfeffer) 1/2 Zwiebel und 3 getrocknete, in Öl eingelegte Tomaten, beides fein gehackt, einige Tropfen Tomatenöl aus dem Glas beimischen und mit dem Stabmixer verrühren.

* Mit circa 2–3 TL BodyReset-Salat-Gemüse-Fisch-Gewürzmischung haben Sie eine leckere, schnelle Alternative zu frischen Kräutern.

** Wenn Sie BodyReset-Curry-Soße-Gewürzmischung und das BodyReset-Ur-Kristallsalz verwenden, benötigen Sie nur etwa die Hälfte der Angaben.

Basilikum-Pesto

Zutaten

Circa 80 g frisches
  Basilikum

2 EL Pinienkerne

1–2 Zehen Knoblauch

$1/2$–1 TL Salz

200 ml Olivenöl,
  extra vergine

2 EL Parmesan,
  frisch gerieben

1 Von den Zutaten, außer dem Parmesankäse, alles – vom Knoblauch und Salz zunächst nur die kleinere Menge – vermischen und mit dem Stabmixer pürieren. Zum Schluss den Parmesan beigeben und pürieren.

2 Je nach Geschmack etwas Salz und/oder gepressten Knoblauch dazugeben.

Variante

Sie können an Stelle von Basilikum auch jungen, frischen Bärlauch verwenden. Dann keinen oder nur wenig Knoblauch verwenden.

Mac-Hamburger-Soße

Ab dritter Woche

Zutaten

1 EL Ricotta

2 EL Öl

2 EL Mayonnaise

2 TL Ketchup

1 kleine Zwiebel

1 Gewürzgurke

Einige Tropfen
  Zitronensaft

Salz und Pfeffer
  nach Belieben

Zwiebel und Gurke ganz klein hacken, mit allen anderen Zutaten gut vermischen, fertig!

Tipp

Für mehr Schärfe einige Tropfen Tabasco oder Chilipulver zufügen!

Cocktailsoße

Ab dritter Woche

1 Beim ersten Zubereiten je nach Geschmack Ketchup nach und nach zur Mayonnaise hinzugeben. Cognac hinzufügen und probieren.

2 Auch Dill und Zitronensaft sind Geschmackssache und sollten getestet werden.

Zutaten

5 EL Mayonnaise

Circa 2 EL
   Tomatenketchup

Circa 1 TL Cognac

Etwas Dill

Zitronensaft
   nach Belieben

Tipp
Passt perfekt zu Garnelen und Fleischfondue.

Knoblauch-Paprika-Marinade

Zutaten

2 große
  Knoblauchzehen

2 TL Thymianblätter

1 Saft von einer
  kleinen Zitrone

1 TL Paprikapulver,
  mild bis scharf

8 EL Olivenöl

Etwas Salz und
  schwarzen Pfeffer
  aus der Mühle

Im Mörser Knoblauch und Thymian mit etwas Salz und Pfeffer zu einer relativ glatten Paste zerreiben, in eine Schüssel geben, den Zitronensaft, das Paprikapulver und das Öl zugeben und alles gut vermischen.

Variante

1 Wenn Sie keinen Mörser haben, den Knoblauch pressen, alle Zutaten mit dem Öl vermischen und kurz mit dem Stabmixer pürieren.

2 Je nach Bedarf vorbereitetes Geflügel, Fisch oder Gemüse nebeneinander in ein flaches Gefäß legen und mit der Marinade übergießen.

3 Abgedeckt im Kühlschrank 1 Stunde, Fisch nur 30 Minuten marinieren lassen, dann nach Bedarf zubereiten.

BodyReset-Curry-Dip

Zutaten

100 g Mascarpone

250 g Sahne

2–3 TL BodyReset-
  Curry-Mischung*

Salz und Pfeffer
  nach Belieben

Alle Zutaten gut vermischen und je nach Bedarf mit etwas Salz und Pfeffer abschmecken.

BodyReset-Italia-Dip

Sahne leicht schlagen, Ricotta und Gewürzmischung beigeben und gut vermischen.

Nach Belieben mit Salz und Pfeffer abschmecken.

Zutaten

100 g Ricotta

180 g Sahne

3–4 TL BodyReset-Italia-Mischung*

Salz und Pfeffer nach Belieben

Tipp

* Die Bezugsquellen finden sie unter www.bodyreset.com.

Beilagen

Die Rezepte zu den empfohlenen Beilagen sind hier zusammengefasst. In den ersten drei bis vier Wochen sollten Sie Salate nur am Mittag als Beilage essen, später passen sie auch am Abend, wenn die Verdauung keine Probleme macht.

Wenn Sie abnehmen möchten, sollten Sie vor allem am Mittag Kartoffelspeisen als Beilage wählen, am Abend eher ein bis zwei Gemüsesorten. Kartoffeln kann man auch sehr gut vorkochen und verschiedenste Beilagen damit kreieren. Kartoffeln können auch gut im Kühlschrank aufbewahrt werden, die entsprechende Menge sollte aber mindestens vier Stunden vor dem Zubereiten aus dem Kühlschrank genommen werden, da Kartoffeln bei Kälte die Stärke teilweise in Zucker umwandeln und dann süßlich schmecken.

Aus den Resten von Kartoffeln und Gemüse kann man wiederum mit etwas Sahne und Reibkäse wunderbare Gratins und Aufläufe zubereiten, Ihrer Fantasie sind dabei keine Grenzen gesetzt!

Außer Basenbrot sind alle Rezepte für 4 Personen berechnet.

Rezeptübersicht Beilagen

- Basenbrot
- Kartoffelbeilagen
- Salzkartoffeln
- Butterkartoffeln
- Petersilienkartoffeln
- Dillkartoffeln
- BodyReset-Kartoffeln
- Kartoffeln mediterran
- Zwiebelkartoffeln
- Bratkartoffeln
- Rosmarinkartoffeln spezial
- Kartoffelgratin

- Kartoffelpüree
- Kartoffelrösti siehe Seite 120
- Gemüse und Salat
- Karotten
- Petersilienkarotten
- Wirsinggemüse
- Kürbispüree
- Rotkohl
- Brokkoli-Blumenkohl-Romanesco
- Gurkensalat
- Grüne Blattsalate

Basenbrot

Zutaten

400 g Kartoffeln

100 ml heißes Wasser

500 g Kartoffel-
  Vollmehl

100 g gemahlene
  Mandeln

1 Packung Trockenhefe

2 TL Salz

2 kleine Zwiebeln

2 Eier

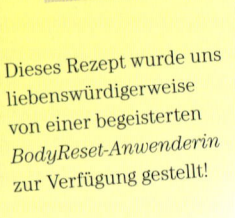

Dieses Rezept wurde uns liebenswürdigerweise von einer begeisterten BodyReset-Anwenderin zur Verfügung gestellt!

Tipp
Vorsicht beim Öffnen der Ofentür während des Backens, da sich viel Dampf dabei entwickelt!

1 Ofen auf 225 °C vorheizen (Ober- und Unterhitze). Für das Kartoffelbrot am besten eine halbfest kochende Sorte Kartoffeln verwenden. Die Kartoffeln schälen, waschen, abtropfen lassen und fein reiben.

2 Geriebene Kartoffeln mit 100 ml kochendem Wasser überbrühen. Die Zwiebeln fein würfeln und in der Pfanne gar dünsten. Kartoffelmehl mit Trockenhefe, gemahlenen Mandeln und Salz vermischen und Kartoffeln, Eier und Zwiebeln hinzufügen. Teig gut durchkneten, zugedeckt an einen warmen Ort stellen und etwa 30 Minuten gehen lassen.

3 Arbeitsfläche mit Kartoffelmehl bestäuben, Kartoffelbrot noch einmal durchkneten, zu einem runden Brotlaib formen, auf ein mit Backpapier belegtes Blech setzen und auf der mittleren Schiene in den Ofen schieben.

4 Etwas Wasser auf ein zweites Backblech geben und ganz unten in den Backofen schieben, Tür sofort schließen. Kartoffelbrot auf der mittleren Schiene etwa 20 Minuten bei 225 °C backen, dann Temperatur auf 200 °C herunterschalten, Kartoffelbrot auf die zweite Schiene von unten setzen und weitere 30 Minuten backen. Wenn man mit dem Fingerknöchel auf den Boden vom Brot klopft und es sich hohl anhört, ist das Brot durchgebacken.

Tipp
Das Brot passt zu Suppen, Fleisch, Salat, Rührei, Käse und Brotbrunch. Es ist säurefrei, zählt aber zu den konzentrierten Kohlenhydraten und sollte daher während der Abbauphase nicht öfters als zwei- bis dreimal pro Woche konsumiert werden. Sie können das Brot nach dem Auskühlen in Scheiben schneiden und im Gefrierbeutel einfrieren. So lässt es sich bei Bedarf kurz im heißen Ofen aufbacken.

Salzkartoffeln

Zutaten
1 kg Kartoffeln,
   festkochend
$^1/_2$–1 TL Salz

1 Die Kartoffeln schälen, in gleich große, mundgerechte Würfel teilen, den Siebeinsatz in eine Pfanne geben, Wasser einfüllen, bis es leicht am Siebboden zu sehen ist, aufkochen und die Kartoffeln auf das Sieb geben, gleichmäßig Salz verteilen, zudecken und bei mittlerer Hitze etwa 15–20 Minuten gar dämpfen.
2 Das Sieb herausnehmen, die Kartoffeln direkt auf die Teller verteilen oder in einer Schüssel servieren.

Tipp
Lieber weniger salzen und einen Salzstreuer auf den Tisch stellen.

Butterkartoffeln

Rezept wie *Salzkartoffeln* (→ oben), bis »Sieb herausnehmen«, dann das Wasser abschütten, 1 EL Butter in der Pfanne schmelzen, die Kartoffeln vom Sieb in die Pfanne geben, etwas mit der Butter verschwenken und in eine Schüssel geben.

Tipp
Aus Kartoffeln kann man tausend leckere Beilagen zaubern!

Petersilienkartoffeln

Rezept wie *Butterkartoffeln,* jedoch zur geschmolzenen Butter 1 EL gehackte Petersilie beigeben.

Dillkartoffeln

Rezept wie *Butterkartoffeln,* zum Schluss mit frisch geschnittenen oder getrockneten Dillspitzen garnieren.

BodyReset-Kartoffeln

Wie *Petersilienkartoffeln,* anstelle von Petersilie circa ½ TL BodyReset-Salat-Gemüse-Fisch-Würzmischung verwenden!

Kartoffeln mediterran

Rezept wie *Petersilien-kartoffeln,* anstelle von Petersilie circa ½ TL BodyReset-Viva-Italia-Würzmischung verwenden.

Zwiebelkartoffeln

1 Rezept wie *Salzkartoffeln*. Während diese garen, 1 große Zwiebel schälen, halbieren, in feine Ringe schneiden.
2 1 EL Butter in der Pfanne erhitzen, die Zwiebeln darin kurz anbraten, die Tempe- ratur zurücknehmen, auf kleinster Hitze dünsten, ab und zu wenden, damit sie regelmäßig braun werden, und auf die fertig angerichteten Kartoffeln verteilen.

Tipp
Sie können zum Braten auch halb Butter, halb Öl verwenden.

Bratkartoffeln

1 Für Bratkartoffeln eignen sich am besten Pellkartoffeln vom Vortag oder älter. Je nach Größe ganz oder längs in circa 3 mm breite Scheiben oder kleine Würfel schneiden.
2 1–2 EL Butter in einer Pfanne schmelzen, die Kartoffeln beigeben, auf mittlerer Hitze rundherum goldbraun anbraten und zum Schluss salzen.

Variante
Wenn Sie Bratkartoffeln mit Zwiebelringen und/oder Knoblauch mögen, Zwiebelringe und Knoblauch separat anbraten und am Schluss mit den Kartoffeln vermischen. Zwiebeln und Knoblauch haben einen tieferen Bräunungsgrad als Kartoffeln.

Rosmarinkartoffeln spezial

1 Die Kartoffeln schälen, in Würfel schneiden und im Salzwasser leicht köcheln.

2 In der Zwischenzeit Knoblauch schälen und fein hacken. Die Rosmarinnadeln von den Zweigen lösen und mit der Schere in kleine Stücke schneiden. Zitronensaft, Senf, Birnendicksaft, Knoblauch und Rosmarin mit dem Öl gut verrühren und mit Salz und Pfeffer abschmecken.

3 Das Kartoffelwasser abgießen, in die gleiche Pfanne die Marinade geben, mit den Kartoffeln vermischen, Herdplatte abstellen, Pfanne zudecken, alles circa 5 Minuten durchziehen lassen.

Tipp

Passen zu asiatischen Gerichten anstelle von Reis, aber auch zu Grillfleisch oder Gemüsegerichten.

Zutaten

800 g Kartoffeln
2 Zehen Knoblauch
4 Zweige Rosmarin
1 TL Zitronensaft
1 EL Birnendicksaft
1 EL Senf,
   nach Belieben
   mild bis scharf
50 ml Öl
Salz und Pfeffer
   nach Belieben

Kartoffelgratin

Zutaten

1 kg Kartoffeln,
festkochend

350 g Sahne

100 ml Wasser

2 Zehen Knoblauch

Salz und Pfeffer nach
Belieben

20 g Butter

100 g Reibkäse, rezent

1 Backofen auf 220 °C vorheizen und die Gratinform
ausbuttern. Kartoffeln schälen, roh in dünne Scheiben
schneiden, Wasser und Sahne
in einer Pfanne vermischen,
Knoblauch fein hacken oder
pressen und dazugeben. Mit
Salz und Pfeffer würzen,
mit den Kartoffelscheiben

zusammen sanft aufkochen,
dann unter vorsichtigem
Rühren etwa 10 Minuten leise
köcheln.
2 Kartoffelscheiben und
Wasser-Sahne-Mischung in
die Gratinfrom einfüllen,
mit Käse gleichmäßig
bestreuen und circa
15–20 Minuten überbacken.

Kartoffelpüree

1 Rezept wie Salzkartoffeln, jedoch Wasser nicht weg-schütten! 150 ml Sudwasser in der Pfanne lassen, Sahne dazugießen, aufkochen, Herd abstellen und die Kartoffeln durchs Passier-gerät direkt in die Pfanne drehen. Mit einer Holzkehle gut verrühren, eventuell etwas Sahne nachgießen, bis die Konsistenz stimmt.

2 Den Herd auf die kleinste Stufe zurückstellen und die Butter unterrühren (da-durch wird weniger Butter benötigt, und Sie haben den gleichen Buttergeschmack). Mit Muskat und eventuell etwas Salz abschmecken.

Zutaten
1 kg Kartoffeln, mehligkochend
250 g Sahne
150 ml Sudwasser
1–2 EL Butter
Salz nach Belieben
Muskat nach Belieben
1 frisches Ei nach Belieben

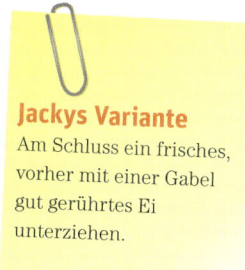

Jackys Variante
Am Schluss ein frisches, vorher mit einer Gabel gut gerührtes Ei unterziehen.

Kartoffelrösti

→ Menü *Pilzragout mit Rösti, vegetarisch,* Seite 120

Karotten

Zutaten
800 g Karotten
$1/_2$–1 TL Salz
20 g Butter

1 Die Karotten schälen, längs halbieren, dann vierteln und in circa 2 cm lange Stäbchen schneiden. Siebeinsatz in eine Pfanne geben, Wasser einfüllen, bis es leicht am Siebboden zu sehen ist, aufkochen, die Karotten ins Sieb geben, gleichmäßig Salz darauf verteilen. Die Pfanne zudecken und alles auf mittlerer Stufe etwa 15–20 Minuten gar dämpfen.

2 Das Sieb herausnehmen, Wasser abgießen, Butter in die Pfanne geben und schmelzen, die Karotten vom Sieb in die Pfanne geben, in der Butter schwenken und in eine Schüssel geben.

Tipp
Lieber weniger salzen und einen Salzstreuer auf den Tisch stellen.

Petersilienkarotten

Rezept wie *Karotten,* aber der geschmolzenen Butter 1 EL gehackte Petersilie beigeben.

Variante
Mit einer Prise Vollrohr-Rohzucker und 2 EL Sahne schmecken die Petersilien-karotten am besten!

Tipp
Bereits fertig gerüstet und schockgefroren gibt es vitaminreiches Gemüse bei www.bofrost.com.

Wirsinggemüse

1 Den Wirsing vom Strunk
befreien, die Zwiebel schälen
und fein hacken, dabei die
äußeren, dunklen Blätter des
Wirsings klein schneiden,
in einem Sieb heiß abspülen
und trocknen lassen.
2 Inzwischen die inneren,
helleren Blätter (circa $1/3$ des
Wirsings) klein schneiden,
im Sieb heiß abspülen. Die
Sahne mit Salz, Pfeffer und
Muskatnuss würzen, in einer
Pfanne aufkochen, die hellen
Blätter zugeben, in der Sahne
weich kochen und anschließend alles fein pürieren.
3 Die Butter in einer Pfanne
schmelzen, mit wenig Was-
ser ablöschen, Salz, Zucker
und dunkle Wirsingblätter
dazugeben und zugedeckt
etwa 6–7 Minuten garen. Zum
Schluss mit dem hellgrünen
Wirsingpüree vermischen
und nach Bedarf mit Salz
und Pfeffer abschmecken.

Zutaten
1 Kopf Wirsing
1 Zwiebel
1 Prise Vollrohr-
    Rohzucker
1 Prise Muskat
1 EL Butter
Salz und Pfeffer
    nach Belieben

Kürbispüree

Zutaten

500 g Hokkaidokürbis
100 g Knollensellerie
1 Zwiebel
3 EL Mascarpone
2 EL Petersilie gehackt
Salz und Pfeffer
    nach Belieben

1 Den Kürbis waschen, halbieren, Kerne und Fasern entfernen und das Kürbisfleisch grob würfeln. Sellerie und Zwiebeln schälen und würfeln.

2 Kürbis, Sellerie und Zwiebel knapp mit Salzwasser bedeckt im geschlossenen Topf etwa 20–30 Minuten weich kochen, abgießen, zusammen mit Mascarpone pürieren und mit Salz, Pfeffer und Petersilie abschmecken.

Tipp
Schmeckt auch herrlich mit gerösteten Pinienkernen!

Rotkohl

1 Den Kohl putzen und hobeln. Den Apfel schälen, entkernen und in kleine Stücke schneiden.

2 Butter zerlassen, Birnendicksaft hinzufügen, die Apfelstückchen unter Wenden leicht karamellisieren. Das Rotkraut dazugeben und rundherum anschwitzen.

3 Apfelsaft, Traubensaft und Essig dazugießen, Nelken und Lorbeeren zugeben, mit Gemüsebrühpulver (circa 1 TL) und Salz würzen und zudecken. Mindestens 1 Stunde leise köcheln. Noch besser wird der Rotkohl, wenn er noch $1/2$ Stunde ohne Hitze zieht. Danach erneut erhitzen. Zwischendurch bei Bedarf Apfelsaft nachgießen und zum Schluss noch einmal mit Salz und eventuell Essig abschmecken.

4 Nelken und Lorbeerblätter vor dem Anrichten entfernen.

Tipp

Eignet sich auch zum Einfrieren.

Zutaten

1 kg frischen Rotkohl

50 g Butter

1 EL Birnendicksaft

1 kleiner Apfel

4 Gewürznelken

2 Lorbeerblätter

100 ml Traubensaft

100 ml Apfelsaft

Etwas Gemüsebrühpulver

1 Schuss Rotweinessig

Salz nach Belieben

Brokkoli-Blumenkohl-Romanesco

1 Alle drei Kohlarten werden am besten wie Kartoffeln oder Karotten im Dampfkorb zubereitet.

2 Zuerst das Gemüse putzen, in Röschen teilen, unter heißem Wasser gut abspülen. Die Garzeiten sind unterschiedlich, ab 10 Minuten mit einem Messerstich alle 2–3 Minuten prüfen.

3 Den Korb aus der Pfanne nehmen, etwa 100 ml Sudwasser im Topf lassen, etwas Gemüsebrühepulver zugeben, das Gemüse in die Pfanne zurückgeben, alles miteinander vermischen und eventuell mit Salz und Pfeffer abschmecken. Zum Schluss ein paar Butterflöckchen darübergeben.

Tipp

Zu Brokkoli passen hervorragend einige ohne Fett erwärmte Mandelblättchen oder Pinienkerne. Über Blumenkohl kann man in Butter geröstete, geriebene Mandeln streuen. Zu Romanesco und Blumenkohl passt Käse- oder Bechamelsoße.

Gurkensalat

1 Die Gurke schälen, in Scheiben hobeln, in eine Schüssel geben, gut salzen und etwa 30 Minuten ziehen lassen.
2 Senf, Essig und Öl mit einem Schwingbesen gut vermischen, Dill und Sahne zufügen, Gurken ohne Gurkenwasser dazugeben und gut vermischen. Eventuell noch etwas salziges Gurkenwasser zur Soße geben, mit Pfeffer und eventuell Salz abschmecken und nach Belieben mit gehackter Petersilie garnieren.

Zutaten

1 Salatgurke
1 TL Senf, mild
2 EL Kräuteressig
4 EL Öl
50 g Sahne
Etwas Dill, getrocknet
Etwas Petersilie
Salz und Pfeffer
   nach Belieben

Variante
Schmeckt auch mit Mandelstiften und Frühlingszwiebeln.

Grüne Blattsalate

Das ganze Jahr über sind grüne Blattsalate verfügbar. Sie sind günstig, vitamin- und mineralstoffreich, schmecken gut und passen zu den meisten Mahlzeiten. Blattsalate blähen nicht, enthalten keine Säuren und nur etwa 5 % Kohlenhydrate. Deshalb passen sie ideal zum *BodyReset*-Programm.

Eine klassische Salatsoße besteht aus ¾ Öl und ¼ Essig oder etwas Zitrone, Salz und Pfeffer. Dazu wählt man je nach Salatsorte frische und saisonale Kräuter. Ich persönlich nehme als Basic immer ein wenig Senf und gebe am Schluss ein wenig Sahne in die Soße, um die Säure abzumildern. Es gibt mittlerweile sehr viele Öl- und Essigsorten, aber es gibt kein Standardrezept, das allen gleich gut schmeckt. Deshalb empfehle ich jedem ungeübten Koch, sich bei Freunden oder Mutter schlau zu machen und selbst zu experimentieren. Man kann auch in Foren stöbern. Allerdings findet man aber nahezu in allen Vorschlägen weißen Zucker, Maggi, Knorrli, Aromat etc. Vielleicht schmeckt Ihnen ja mein Gurkensalat deswegen, weil er so einfach ist und so lecker aussieht. Frische Petersilie, Schnittlauch und Basilikum gibt es das ganze Jahr über. Sie passen zu jedem Blattsalat. Für eine aromatische Salatsoße eignen sich neben Salz und Pfeffer reine, getrocknete Salat- und italienische Kräutermischungen, die in jedem Reformhaus erhältlich sind. Auch hier ist Bio-Qualität sinnvoll, weil die Kräuter nicht mit der Chemiekeule gezogen wurden.

Einen Schritt weiter gehe ich mit meinen eigenen Gewürzmischungen. Sie beinhalten das Prinzip der Ernährungslehre: »Kochen nach den fünf Elementen« der *Traditionellen Chinesischen Medizin*. Jede Mischung ist eine in sich geschlossene Formulatur,

Am meisten Vitalstoffe enthalten lokale und saisonale Blattsalate.

welche die fünf Elemente vereint und harmonisiert. Deshalb balancieren die *BodyReset*®-Gewürze auch nicht optimal zusammengestellte Speisen sehr gut aus. Die Grundlage aller Mischungen ist Ursalz in Halitqualität, d. h., es enthält alle 84 Mineralstoffe und Spurenelemente. Die Gewürze sind sehr geschmacksintensiv, deshalb braucht man nur etwa die Hälfte der üblichen Mengen. Mehr Informationen finden Sie unter www.bodyreset.com.

Nachspeisen und Naschereien

Industriezucker lässt unseren Blutzucker ansteigen und die Insulinproduktion explodieren.

Die Süßwarenindustrie macht jährlich Milliarden Gewinne, weil sie weiß, in welche Falle wir mit dem Konsum von Süßigkeiten tappen. Mit den Folgen von Übergewicht und Krankheiten wiederum macht die Pharmaindustrie die anderen Milliarden Gewinne, diese natürlich teuer finanziert von uns über die Krankenkassenprämien. Wir alle lieben Süßigkeiten, sie sind Balsam für die Seele und machen uns glücklich! Leider immer nur ganz kurz, dann verlangt der Körper Nachschub, und wir landen in einem Teufelskreis scheinbarer Abhängigkeit. Schaut man sich diese Situation einmal ganz pragmatisch an, kann man ohne Reue und negative Folgen ab und zu eine meiner wunderbaren Nachspeisen genießen! Das Problem ist und bleibt der raffinierte Industriezucker, eine leere, tote Kohlenhydratmasse (100 g Zucker = 100 Gramm Kohlenhydrate). Das ist Energie in Reinkultur! Industriezucker übersäuert extrem den ganzen Organismus, denn er baut sich teils zu Essig-, teils zu Milchsäure ab, er enthält keine Vitalstoffe mehr und landet direkt auf den Hüften. Ich hoffe, ich kann Ihnen den Appetit auf Industrieprodukte verderben, wenn Sie erfahren, was sonst noch in ganz vielen Produkten enthalten ist: Gelatine und Schlachtfette. Beides wird aus Schlachtabfällen gewonnen. Knochen und Schwarten von Schweinen werden zu Speisegelatine verarbeitet. Sie landet in Gummibärchen, Mohrenköpfen, Getreideriegeln usw. Jedes Nahrungsmittel, welches laut Deklaration tierische Fette enthält, wurde zur kostengünstigen Entsorgung von Schlachtfetten benutzt. Denn Butter und andere tierische Fette, die vom lebenden Tier gewonnen werden, sind immer auch als solche separat gekennzeichnet, z. B. Sahne, Milchpulver, Butter etc. Freuen Sie sich also auf die nachfolgenden Rezepte. Von denen wissen Sie genau, was drin ist. Natürlich ist auch in diesen feinen Näschereien teilweise viel Energie, aber auch gesunde Vitalstoffe, unschädliche Fette und natürliche Süße aus Früchten oder Dicksäften. Wenn Sie nur Suppe oder Salat essen, darf es am Mittag auch ab und zu eine kleine Nachspeise sein!

Wenn Sie abnehmen möchten, sollten Sie die Nachspeise nicht direkt nach dem Mittagessen genießen, sondern als leckere Zwischenmahlzeit etwa zweieinhalb bis drei Stunden später.

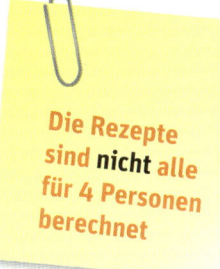

Die Rezepte sind nicht alle für 4 Personen berechnet

Rezeptübersicht Nachspeisen und Näschereien

- Bananencreme à la Jacky
- Birnen Meringue
- Süßer Mango-Crêpe-Kuchen
- Ananas mit Schlagsahne (ab dritter Woche)
- Bananen-Apfel-Glace
- Bratapfelringe mit Bananen-Glace
- Vanille- und Schokoladen-Glace

Glace und Cremes mit Beutelsbacher-Vollfruchtsäften

- Wasser-Glace mit Apfel-, Birnen- oder Traubengeschmack

- Wasser-Glace-Maracuja, Banane-Vanille und Kokos-Ananas
- Gebackene Bananen mit Rum-Soße
- Bananencremekuchen
- Schokokuchen mit Sukrin (ab dritter Woche)
- Aargauer Rüeblitorte mit Sukrin
- Schoko-Kokos-Pralinen mit Sukrin (ab dritter Woche)

Weihnachtsgebäck mit Sukrin

- Zimtsterne
- Amaretti
- Kokos-Makronen

Diese Nachspeise eignet sich wunderbar, wenn Bananen überreif sind!

Bananencreme à la Jacky

Für 4 Personen

Zutaten

4 überreife Bananen
200 g Sahne
2 Vanilleschoten
Pfefferminzblättchen
  als Garnitur

1 Bananen schälen, mit einer Gabel zerdrücken oder in Rädchen schneiden, in eine Schüssel geben, Vanilleschoten auskratzen, das Mark und die Sahne zu den Bananen geben und mit dem Stabmixer zu einer glatten Creme verrühren.

2 In Dessertschalen oder Gläser füllen und mit den Pfefferminzblättchen garnieren.

Ohne Dicksäfte zählt diese Nachspeise zu den einfachen Kohlenhydraten, kann also nach leichtem Essen ohne viel Sahne und Kartoffeln auch als Nachspeise genossen werden. Auch einen kleinen Süßhunger 2–3 Stunden nach dem Abendessen sättigt eine Kaffeetasse voll Bananencreme sofort.

Varianten

Anstelle von Vanilleschoten kann man auch 2 TL Dicksaft, BodyReset®-Vitaldrinkpulver oder Kaffeeveredler Vanille nehmen. Für Schokoladengeschmack mit 2 TL Birnendicksaft und 2 TL BodyReset® Kakaopulver verrühren. Für Erwachsene mit einem Espresso vermischen oder mit einem Schuss Rum verfeinern. Im Sommer eine Sorte frische, saisonale Beeren darunter mischen.

Birnen Meringue

1 Backofen auf 180 °C vorheizen, eine kleine Gratinform einbuttern. Eigelb und Eiweiß in zwei Tassen trennen. Eigelb mit dem Birnendicksaft und der Sahne verrühren und in die Gratinform gießen.

2 Birnen schälen, entkernen, längs halbieren und in feine Scheiben schneiden. Mit dem Eierguss vermischen. Das Eiweiß mit einer Prise Salz sehr steif schlagen und darüber verteilen und etwa 15 Minuten im Ofen überbacken.

Für 4 Personen

Zutaten
2 Eier
4 EL Sahne
2 süße Birnen
1 TL Birnendicksaft
1 Prise Salz

Tipp
Das Rezept schmeckt auch mit Äpfeln und Apfeldicksaft.

Süßer Mango-Crêpe-Kuchen

Für 4 Personen

Zutaten

1 Banane

1 Mango oder
  Persimon Kaki

2 Eier

2–3 TL Birnen- oder
  Apfeldicksaft

100 g Sahne

4 EL geriebene
  Mandeln

3 EL Kartoffel-
  oder Maisvollmehl
  (keine Stärke!)

50 ml Wasser

1 MSP Salz

1 Backofen auf 200 °C vorheizen, ein eingeöltes Kuchenblech circa 20 mal 30 cm oder hohe Backförmchen mit circa 6 cm Durchmesser. Früchte schälen und in kleine Stücke schneiden, etwa 5 mal 5 mm.

2 Eier mit einer Gabel gut schlagen, 1 Prise Salz darüberstreuen, Dicksaft und Sahne beigeben und verrühren. Mehl mit dem Wasser gut verrühren und sofort in die Ei-Sahne-Mischung einrühren, die Früchte dazugeben.

3 Die Masse auf dem Kuchenblech oder in die Förmchen verteilen, die geriebenen

Mandeln darüberstreuen. 10 Minuten nur auf Unterhitze backen, dann den Ofen auf Grill stellen und alles so lang überbacken, bis die Oberfläche braun ist.

Variante Clafoutis

1 Eigelb und Eiweiß in zwei Tassen trennen. Mehl mit Apfelsaft und Eigelb gut verrühren, tropfenweise Sahne dazugeben, bis ein geschmeidiger Crêpeteig entsteht.

2 Eiweiß mit etwas Salz steif schlagen. Früchte mit dem Crêpeteig vermischen, Eiweiß unterheben. Dann wie unter 3 weiter.

Tipp
Es können auch andere Früchte wie Birnen, Äpfel oder Trauben verwendet werden.

Ananas mit Schlagsahne

Ab dritter Woche

Für 4 Personen

Zutaten
1 frische Babyananas
200 g Sahne

1 Ananas schälen, halbieren, den harten Kern entfernen, auf einem Teller zuerst in Scheiben, dann in mundgerechte Stücke schneiden. Den Saft behalten.

2 Sahne steif schlagen, die Ananasstücke in Dessertgläser verteilen, den Saft darüber verteilen und mit der Schlagsahne garnieren.

Variante
Während der Beerensaison mit einer Sorte nach Belieben garnieren.

Tipp
Ganz schnell geht dieses Rezept mit ungezuckerten Dosen-Ananas.

Bananen-Apfel-Glace

1 Apfel schälen, entkernen und in kleine Stücke schneiden. Bananen schälen und in Rädchen schneiden.

2 Eigelb und Eiweiß in zwei Tassen trennen. Butter in einer Pfanne schmelzen, Apfelstücke kurz andämpfen, nicht bräunen, mit Apfelsaft ablöschen, den Apfeldicksaft einrühren, die Bananenrädchen beigeben und beides bei geschlossenem Deckel circa 7 Minuten gar dämpfen. Die Früchte entfernen.

Den Fond mit 2 EL Sahne ablöschen, kurz aufkochen und etwas eindicken lassen und vom Herd nehmen.

3 Die Früchte in die Pfanne zurückgeben, das Eigelb darunterziehen, mit dem Pürierstab alles kurz pürieren, dann das Eiweiß und die 100 g Sahne separat steif schlagen und beides mit einer Gabel vorsichtig mit dem Fruchtpüree gut vermischen. Alles in eine Gefrierschale füllen und gefrieren lassen.

Varianten
Anstelle von Äpfeln können Sie auch Birnen, Mango oder Honigmelonen verwenden.
Bananen-Glace: Nur Bananen verwenden!

**Ergibt circa
5–6 Portionen**

Zutaten
2 süße Äpfel
2 reife Bananen
2 TL Butter
2 TL Apfeldicksaft
2 EL Apfelsaft
2 EL Sahne
1 Ei
100 g Sahne

Bratapfelringe mit Bananen-Glace

Für 4 Personen

Zutaten

1 großer süßer Apfel
Etwas Zimt
1 EL Butter
4 Kugeln Bananen-
  Glace (→ S. 177)
2 EL Sahne

1 Apfel schälen, Kerngehäuse ausstechen, in 4 gleich dicke Ringe schneiden. Butter erhitzen und die Apfelringe darin auf beiden Seiten goldgelb anbraten.

Mit der Sahne ablöschen, mit Zimt bestreuen und alles vorsichtig vermischen.
2 Die Apfelringe auf 4 kleine Teller verteilen, auf jeden eine Kugel Bananen-Glace setzen und sofort servieren.

Tipp
Für mehr Süße einfach einige Tropfen Apfeldicksaft darüber verteilen!

Leckere Glace-Varianten

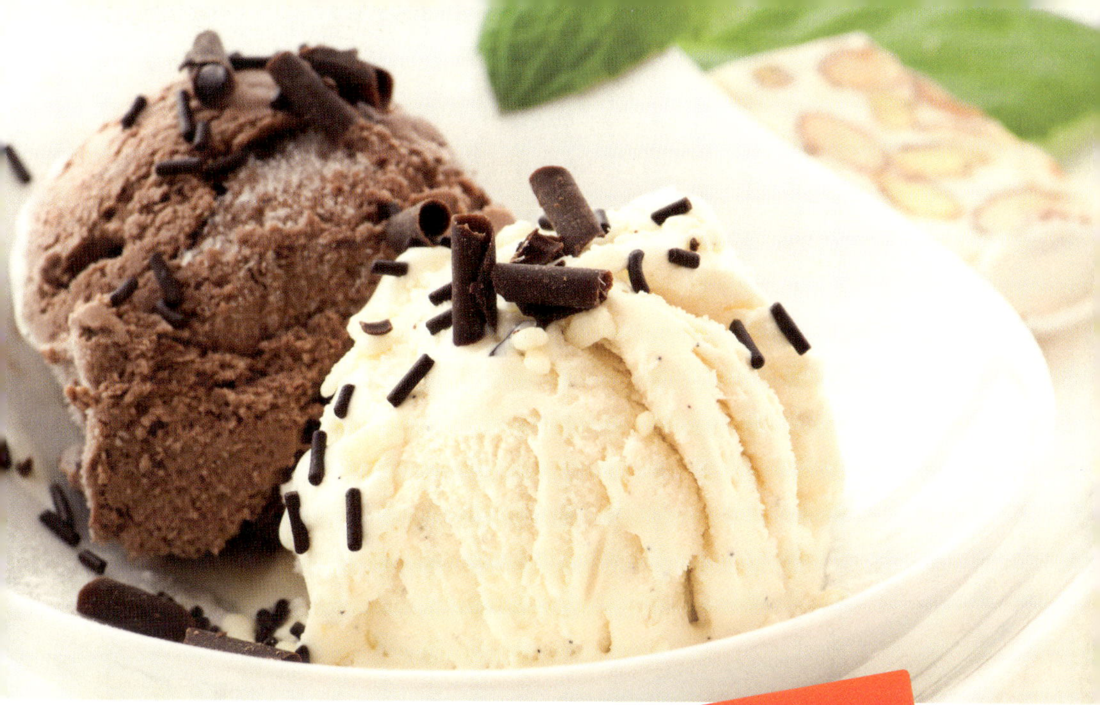

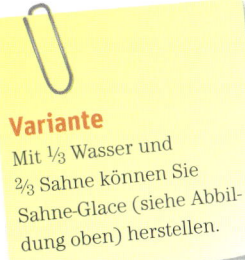

Vanille- und Schokoladen-Glace

1 Mit dem BodyReset®-Vanille Vitaldrinkpulver und dem BodyReset®-Kakao können Sie ganz einfach Glace-Lutscher für Ihre Kinder herstellen. Pro 100 ml Wasser 2 TL Pulver dazugeben, die Mischungen in Glace-Lutscher Gefrierbeutel füllen, einfrieren, fertig!

2 Wenn Sie es lieber sahniger mögen, dann $1/3$ des Wassers durch Sahne ersetzen.

Zutaten werden im Rezept beschrieben!

Dieses Glace können Kinder ohne Folgen genießen.

Variante

Mit $1/3$ Wasser und $2/3$ Sahne können Sie Sahne-Glace (siehe Abbildung oben) herstellen.

Wasser-Glace mit Apfel-, Birnen- oder Traubengeschmack

Zutaten werden im Rezept beschrieben!

Mit frischen Einsorten von Bio-Vollfruchtsäften können Sie ganz einfach leckere Wasser-Glaces herstellen.

Dazu Unverdünnt den Saft in die Glace-Lutscher einfüllen und tiefkühlen. Es eignen sich Apfel-, Birnen-, weißer und roter Traubensaft dazu.

Glace und Cremes mit Beutelsbacher*-Vollfruchtsäften

Maracuja, Banane-Vanille und Kokos-Ananas

Bei den Beutelsbacher Bio-Vollfruchtsäften in Demeter-Qualität werden die Früchte und Beeren aus der ganzen Frucht zu Mark vermahlen, sodass die wertvollen bioaktiven und sekundären Pflanzenstoffe erhalten bleiben. Sie enthalten keinen Industriezucker und schmecken herrlich süß und intensiv.

Für die Glaces eignen sich Maracuja, Banane-Vanille und Kokos-Ananas. Einfach unverdünnt in die Glace-Lutscher füllen und einfrieren.

Für die Creme Sahne schlagen, mit den Säften vermischen, klein geschnittene, gleiche Früchte (Bananen oder Ananas) dazugeben. Im täglichen Gebrauch als Getränke sollten die Säfte, auch Bio-Vollsäfte, mit 50−70 % Wasser verdünnt werden, da sie doch sehr reichhaltig sind. Sie ersetzen Limonaden, Light- und Cola-Getränke hervorragend und sind sehr gesund. Besser können Vitamine und Mineralstoffe gar nicht schmecken!

* Mehr Informationen finden Sie unter
www.beutelsbacher.de

Gebackene Bananen mit Rum-Soße

Für 4 Personen

Zutaten

4 Bananen

200 g Sahne

2 TL Rum

1 TL Birnendicksaft

30 g Butter zum Backen

Etwas Zimt

1 Bananen schälen und längs halbieren. Butter erhitzen und die Bananenhälften darin auf beiden Seiten goldbraun anbraten.

2 Die Bananen auf 4 kleine Teller verteilen. Den Bratenfond mit dem Rum ablöschen, die Sahne und den Birnendicksaft beifügen, alles kurz aufkochen und über die Bananenhälften verteilen.

Variante
Sie können dem fertigen Fond ein paar gehackte Walnüsse oder Mandeln beigeben.

Bananencremekuchen

1 Backofen auf 200 °C vorheizen, eine runde Kuchenform ausbuttern. Die Bananen schälen, längs halbieren und in Stücke schneiden.

2 In einer Bratpfanne 1 EL Butter erhitzen, die Bananenstücke darin rundherum hellbraun anbraten, herausnehmen, den Bratenfonds mit der Sahne ablöschen, unter Rühren etwas einkochen und zusammen mit den Bananen pürieren.

3 Die Eier in 2 kleinen Schüsseln trennen. Das Eigelb mit der restlichen Butter schaumig rühren, das Mehl dazugeben und nochmals gut verrühren, dann das Eiweiß steif schlagen und vorsichtig darunterziehen.

4 Die geriebenen Mandeln auf den Kuchenformboden verteilen und die Bananenmasse einfüllen und 40 Minuten backen.

Tipp

Kann auch als süßes Abendessen für 4 Personen genossen werden.

Ergibt 4–8 Stücke

Zutaten

4 Eier

100 g Butter
  zimmerwarm

6 Bananen, überreif

100 g Sahne

150 g geriebene
  Mandeln

2 EL Kartoffel- oder
  Mais-Vollmehl
  (keine Stärke!)

Schokokuchen mit Sukrin*

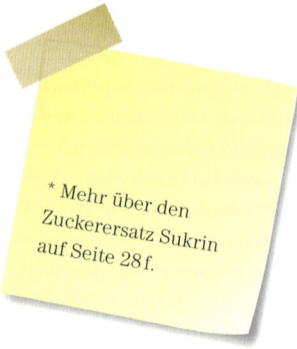

Ab dritter Woche

Ergibt 4–8 Stücke

Zutaten

200 g Sukrin
160 g Bio-Sojamehl
250 g Sahne
4 Eier
5 EL BodyReset®-
Kakao
2 EL BodyReset®-
Kaffeeveredler
Vanille
1 EL BodyReset®-
Vitaldrinkpulver
1 Pack Bio-Backpulver
Etwas Kirschbrand

1 Backofen auf 180 °C vorheizen, eine runde Kuchenform ausbuttern. Die Eier trennen, das Eigelb in eine größere Schüssel geben, Eigelb gut verrühren und mit den restlichen Zutaten gut vermischen.

2 Eiweiß steif schlagen und vorsichtig darunterziehen, auf das Kuchenblech geben und 40 Minuten backen. Danach mit dem Gitterrost aus dem Ofen nehmen und etwa 10 Minuten auskühlen lassen.

* Mehr über den Zuckerersatz Sukrin auf Seite 28 f.

Aargauer Rüeblikuchen mit Sukrin

1 Ofen auf 180 °C vorheizen, eine runde Kuchenform ausbuttern. Die Eier trennen, das Eigelb in eine größere Schüssel geben und mit Sukrin schaumig schlagen. Abgeriebene Zitronenschale und ³⁄₄ des Saftes, Karotten, Zimt, Nelkenpulver, Mandeln und Backpulver hinzufügen und umrühren.
2 Nach und nach mit einem Sieb das Mehl beigeben. Am Schluss das Eiweiß zu Eischnee schlagen und unter die Masse ziehen und

im Ofen circa 45 Minuten backen. Erkalten lassen und vorsichtig auf einen flachen Teller stürzen.
3 Einpacken und 1–2 Tage in den Kühlschrank stellen.

Glasur
Puderzucker, Wasser und restlichen Zitronensaft sehr gut verrühren. Die Glasur mit einem Pinsel auf den Kuchen streichen.

Tipp
Der Schwingbesen muss immer trocken sein, sonst wird das Eiweiß nicht richtig fest.

Zutaten

5 Eier

200 g Sukrin

1 Prise Salz

1 kleine Zitrone

400 Karotten

1 TL Zimt

1 MSP Nelkenpulver

250 g gemahlene und geschälte Bio-Mandeln

80 g Bio-Soja- oder Lupinenmehl

¹⁄₂ TL Backpulver

Glasur

180 g SukrinMelis-Puderzucker

1 EL Wasser

2 EL Apfelsaft

Etwas Zitronensaft

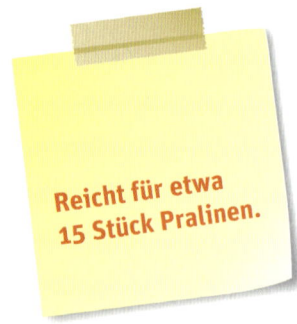

Ab dritter Woche

Schoko-Kokos-Pralinen mit Sukrin

Zutaten

50 g feine Kokosraspel

3 EL Sukrin

4 EL BodyReset®-
Kaffeeveredler
Vanille

40 g Kokosfett mit
Geschmack

Chili nach Belieben

3 EL geschlagene Sahne

1 Zutaten ohne Sahne gut mischen, sodass das Kokosfett sich geschmeidig mit den Zutaten verbindet. Am Schluss Schlagsahne darunter ziehen.

2 Masse in eine Silikon-Pralinenform füllen und im Kühlschrank circa 2 Stunden fest werden lassen. Im Kühlschrank aufbewahren.

Reicht für etwa
15 Stück Pralinen.

Zimtsterne

Weihnachtsgebäck mit Sukrin

1 Ofen auf 150 °C vorheizen. Eiweiß steif schlagen. Unter Rühren Sukrin und Zitronensaft zufügen. Von der Schaummasse 4 EL abnehmen und für die Glasur zur Seite stellen.

2 Die geriebenen Mandeln mit Zimt vermischen, zu der Schaummasse geben und vorsichtig vermengen. Falls der Teig zu weich ist, noch etwas gemahlene Mandeln zugeben. Ein paar Stunden kühl stellen.

3 Den Teig auf der mit Zucker bestreuten Arbeitsfläche 0,5 cm dick auswallen und Sterne ausstechen. Auf ein mit Backpapier ausgelegtes Backblech legen und mit der zurückgelegten Glasur bestreichen. Falls die Glasur zu steif ist, ein paar Tropfen kaltes Wasser unterrühren.

4 Die Sterne bei 150 °C Ober- und Unterhitze 10–14 Minuten backen, ohne dass die Oberfläche Farbe annimmt.

Tipp

Übrig gebliebene Eigelbe kann man in Omelettteig verwenden.

Zutaten
für etwa 36 Stück

3 Eiweiß

300 g SukrinMelis-Puderzucker

Etwas Zitronensaft

250 g geriebene Mandeln

1 EL Zimt

Alternativ etwas Kirschbrand

Etwas Vollrohr-Rohzucker zum Auswallen

Amaretti

Weihnachtsgebäck mit Sukrin

**Zutaten
für etwa 38 Stück**

200 g gemahlene
Mandeln

220 g Sukrin

1 TL BodyReset®-
Vitaldrinkpulver

2 Prisen Salz

Circa 5 Tropfen
Bittermandelaroma

3 Eiweiß

40 g SukrinMelis-
Puderzucker zum
Wenden

1 Mandeln, Sukrin, Vital-
drinkpulver, Bittermandel
und Salz in einer Schüssel
mischen. Eiweiß schlagen
und unter die Zutaten
mischen. 2–3 Stunden im
Kühlschrank kalt stellen.
2 2 cm große Kugeln formen,
im Puderzucker wenden
und auf ein Backpapier
legen. Bei 175 °C circa
20 Minuten backen.

Variante

Mit BodyReset®-Kaffee-
veredler Amaretto 20–30 g
weniger Sukrin verwenden.
Je nach Geschmack 2–3 EL
Amaretto-Kaffeeveredler
verwenden, kein Bittermandelaroma! Sollte der Teig
zu weich sein, noch etwas
gemahlene Mandeln zugeben.

Kokos-Makronen

Weihnachtsgebäck mit Sukrin

1 Backofen auf 160 °C vorheizen. Eiweiß steif schlagen, Zucker unterrühren und anschließend 1 Spritzer Zitronensaft hinzufügen. Danach die Kokosraspel vorsichtig unterrühren.

2 Auf ein mit Backpapier ausgelegtes Blech mit Teelöffeln kleine Häufchen setzen und 2–3 Stunden ruhen lassen. Die Makronen ohne Farbe backen (etwa 8–10 Minuten, je nach Ofen).

3 Wenn die Makronen zu groß sind, fallen sie leicht auseinander.

Variante

Sie können die Makronen auch mit Mandeln zubereiten. Die Backtemperatur ist dann 175 °C und die Backzeit circa 15 Minuten.

Zutaten
für etwa 40 Stück
3 Eiweiß
200 g Kokosraspel
150 g Sukrin
Etwas Zitronensaft

Bildnachweis

© **fotolia**   U2: volkerr; U2, 40: anjelagr; U2, 108: Mi.Ti.; U2, 132: FOOD-pictures; U2, 182: stockcreations; U3: eyewave, VRD Markus Mainka, Thomas Francois, Jack Jelly, ArTo, dred2010, Corinna Gissemann, Yantra, Svenja98, lapas77, MP2, atoss, josebarcelo, mates; U3, 5, 149: HandmadePictures; U3, 21, 128, 165, 177: Printemps; U3, 52, 133: Darius Dzinnik; U3, 75, 101, 129, 131, 185: Barbara Pheby; U3, 126, 130, 136, 167: sil007; U3, 141: Natika; U3, 145: Carmen Steiner; U3, 189: Meliha Gojak; U4, Menüplan: K.-U. Häßler; 4, 22: Igor Yaruta; 4, 110: macroart; 5, 155: Dani Vincek; 5, 178: Mania777; 8/9, 30/31: WavebreakMediaMicro; 10: olly; 12: Jürgen Fälchle; 14, 89: mythja; 16: st-fotograf; 16: mesmerizer; 18: paffy; 24: chestra; 27: Yingko; 32: contrastwerkstatt; 35: AndiPu; 37: dubova; 39: xiquence; 43, 59, 115: Comugnero Silvana; 44: Vladimir Semenov; 46: Giuseppe Porzani; 46: Jiri Hera; 47: MarcoBagnoli Elflaco; 48: Jacques PALUT; 51: BeTa-Artworks; 53, 83, 105, 179: HL-Photo; 54, 164: Bernd Jürgens; 55, 153: M.studio; 56: JJAVA; 57: vlentz; 61, 99, 159: kab-vision; 63: Stephanie Eckgold; 65: petrabarz; 69, 104: Quade; 70: augedigital; 71: IngridHS; 73: Andrea Wilhelm; 76: ExQuisine; 77: robinstewart; 80: psychoschlumpf; 81: tomas24; 82: Alexandra; 85: Maksim Shebeko; 86: fujikawaphotos; 87: Foodlovers; 90: Nikola Bilic; 91, 122: illustrez-vous; 92: AGfoto; 95: rickegrant; 96: StefanieB.; 98: S.E. shooting; 100: sarsmis; 102: Viktor; 103: Marco Mayer; 106: ChristArt; 107: Lucky Dragon; 109: Anna Lurye; 111, 119: A.L; 112: manla; 113: Ildi; 116: Forewer; 117: el01; 118: Brebca; 123: blende40; 124: rossadisera; 125, 151: photocrew; 127, 147: Christian Jung; U2, 132: FOOD-pictures; 134: chetianu; 137: fudio; 138: Subbotina Anna; 139: creative studio; 140, 145, 187: Doris Heinrichs; 142: Africa Studio; 143: jd-photodesign; 145: victoria p.; 149: AgathaLemon; 149: SG- design; 150: motorlka; 152: Stefan Körber; 157, 169: PhotoSG; 160: Christian Schwier; 161, 172: Inga Nielsen; 163: Jörg Beuge; 166: Wolfgang Jargstorff; 170: Reicher; 173: FOOD-images; 175, 183: Eva Gruendemann; 176: etienn280; 181: azurita; 181: arinahabich; 184: TeamCrucillo; 186: vanillla; 188: Mr Korn Flakes
© **Karl Newedel**   U2, 4, 5, 41, 67, 79, 93, 121, 135

Wichtiger Hinweis

Das vorliegende Buch ist sorgfältig recherchiert und erarbeitet worden. Die Inhalte basieren auf den Erkenntnissen und Erfahrungen in der Praxis der Autorin. Dennoch erfolgen alle Angaben ohne Gewähr. Weder Autorin noch Verlag können für eventuelle Nachteile oder Schäden, die aus den im Buch gegebenen praktischen Hinweisen resultieren, eine Haftung übernehmen.

Impressum

Genehmigte Lizenzausgabe für Verlagsgruppe Weltbild GmbH, Steinerne Furt, 86167 Augsburg
Copyright der Originalausgabe © 2013 Weltbild Verlag, Industriestraße 47, CH-4609 Olten
© Jacky Gehring, Body Reset

Das Werk einschließlich aller seiner Teile ist urheberrechtlich geschützt. Jede Verwertung außerhalb des Urhebergesetzes ist ohne Zustimmung des Verlages unzulässig und strafbar.
Dies gilt insbesondere für Vervielfältigungen, Übersetzungen, Mikroverfilmungen und die Einspeicherung und Verarbeitung in elektronischen Systemen.

Producing: Josef K. Pöllath, Dachau
Layout, DTP: Lydia Kühn, Aix-en-Provence, Frankreich
Bildredaktion: Jacky Gehring, Lydia Kühn
Umschlaggestaltung: Maria Seidel, atelier-seidel.de
Umschlagmotiv: StockFood / Eric Fenot
Gesamtherstellung: Typos, tiskařské závody, s.r.o., Plzeň
Printed in the EU
978-3-8289-4361-2

2016   2015   2014
Die letzte Jahreszahl gibt die aktuelle Lizenzausgabe an.

Einkaufen im Internet:
www.weltbild.de

Sachregister

Rezeptregister